KB063437

중국 투자
법률실무

Q&A

리광 외국법자문법률사무소
한영호 대표변호사

(주)명진씨앤피

중국 투자 법률실무

초판 1쇄 **인쇄** ㅣ 2021년 02월 25일
초판 1쇄 **발행** ㅣ 2021년 03월 02일

저　　자　　한영호
발 행 인　　최영무
발 행 처　　(주)명진씨앤피
등　　록　　2004년 4월 23일 제2004-000036호
주　　소　　서울시 영등포구 경인로 82길 3-4 616호
전　　화　　(02)2164-3005
팩　　스　　(02)2164-3020

ISBN 978-89-92561-45-7 (13360)
값 20,000원

중국 투자 법률실무

머리말

코로나19 사태가 1년 넘게 지속되어 모두가 지쳐가고 있지만 그래도 희망은 보입니다. 백신도 개발되었고 한국에서는 이번 달부터 접종을 시작한다는 반가운 소식이 들려오고 있습니다. 영국과 남아공에서 변이 바이러스가 나타나 이미 개발된 백신이 무용지물이 될 수도 있다는 비관적인 보도도 있지만 아무튼 어두운 터널의 끝이 보이기 시작한 것은 확실합니다.

우리가 싫어해도 무서워해도 그리고 분노해도 코로나19는 자체적으로 사라지지 않습니다. 어느 책에서 본 "피할 수 없으면 즐겨라"는 말이 생각납니다. 물론 온전히 코로나19를 즐길 수는 없겠지만 "코로나19로 인해 바뀐 이 시기를 유용하게 사용하라"는 뜻으로 해석하면 될 것 같습니다.

요즘 한중 양국의 엄격한 코로나19 방역정책으로 인해 한국기업인들의 한 번의 중국 출장 또한 정말 어려운 일입니다. 중국으로 입국하는 비자를 받는 것도 어려울 뿐만 아니라 설령 비자를 받아 중국에 입국한다 하더라도 양국에서 적어도 1개월 정도의 격리가 필요합니다.

그런데 이런 상황 속에서도 중국에 투자하려고 저희 사무소에 상담 오시고 또 중국으로 출장가시는 한국기업인들이 적지 않다는 점에 다시 한번 놀랐습니다. 한국이 어떻게 6.25 전쟁의 폐허 속에서도 짧은 기간 내에 한강의 기적을 쓰고 IMF 위기를 극복해 내고 지금은 선진국의 대열에 진입했는지 너무 잘 이해가 가는 대목이었습니다.

코로나19 사태가 완전히 진정되기까지는 아직도 수년간의 시간이 걸릴 것으로 예상되지만 상황이 어느 정도 호전되면 한중 양국 간에 억제되었던 투자가 폭발적으로 증가할 가능성은 아주 높아 보입니다.

그런데 이럴 때일수록 중국투자에 관련된 법률 리스크를 더욱 조심스럽게 검토하실 필요가 있습니다. 다른 한국기업이 중국에 투자하니까 우리도 뒤처지지 말고 중국에 투자해야 한다는 조급한 마음으로 충분한 법률 검토 없이 의사결정을 내리면 어렵게 버텨 얻어낸 기회를 잡지 못하고 중국사업에 실패할 확률도 그만큼 높아질 수 있습니다.

따라서 이 실무서가 현재 중국 투자를 고민하고 계시는 한국기업분들이 중국의 외국인투자 법률제도를 이해하고 그 리스크를 헤쳐나가는 데 조그마한 도움이 되길 바랍니다. 다만, 이 책은 어디까지나 중국 투자 법률실무에 관한 참고용으로만 제공하는 것이며 관련 법규정도 수시로 변경될 가능성이 있기에 구체적인 중국 투자 프로젝트의 검토에 있어서는 꼭 중국변호사에게 상담받으실 것을 제안 드립니다.

마지막으로 코로나 때문에 오늘도 우울한 하루를 보내고 계시는 여러분들에게 다음과 같은 시 한 편을 소개합니다. 오늘도 부디 힘내세요!

삶이 그대를 속일지라도

알렉산드르 푸시킨

삶이 그대를 속일지라도   마음은 미래에 사는 것
슬퍼하거나 노하지 말라!   현재는 슬픈 것
우울한 날들을 견디면   모든 것은 순간적인 것. 지나가는 것이니
믿으라, 기쁨의 날이 오리니   그리고 지나가는 것은 훗날 소중하게 되리니

리팡 외국법자문법률사무소
한 영 호 대표변호사

추천사

『중국 채권회수 법률실무』를 간행하여 중국 투자에 관심을 가지고 있던 우리나라 중소기업인들에게 땡볕에 단물같은 중국 안내서를 발간한 바 있는 한령호 중국변호사가 이번에 제2탄으로『중국 투자 법률실무』를 펴낸다고 합니다. 우리 기업인들과 중국투자법에 관하여 관심있는 모든 분들에게 큰 기쁨이 되고 있습니다. 특히 이 책은 우리 기업인들에게 중국투자 시에 발생 가능한 여러 의문점을 선별하여 130여 개의 문답형식으로 편찬하였기에 의문점을 쉽게 풀어주는 법률실무에 관한 참고서입니다.

이 책의 구성은 중국 진출방식, 현지법인, 대표처, 영업소의 4편이며, 부록으로 이 책에 사용되는 중국법률 리스트, 중국 회사법, 중국 외국인투자법과 그 실시조례, 외국인투자 진입 특별관리조치를 싣고 있어서 중국 투자에 관련된 주요 법령을 한국어 번역본으로 편집하였기에 독자들에게 큰 도움이 될 것입니다.

특히 한국기업에게 가장 중요한 중국진출 형식인 현지법인에 대해서는 설립부터 철수까지의 중요한 사항들을 선별하여 실무 상에서 도움되는 내용들을 답변으로 정리하였기에, 한국기업인들은 짧은 시간 내에 중국 현지법인의 설립, 운영 및 철수에 관한 기초지식을 습득할 수 있음과 동시에 현지법인 관련 유의사항과 법률 리스크를 체크할 수 있고, 아울러 중국에서만 사용되는 특수한 용어에 대해서는 우리가 이해하기 쉽게 각주로 해석을 두었습니다.

저자인 한령호 변호사는 중국 정법대학에서 경제법 학사와 일본 게이오대학에서 상법 석사학위를 각각 취득하였으며, 일본어와 한국어에 능통한 동북아 3국의 언어를 통달할 뿐만 아니라, 지금까지 다수의 우리나라와 일본 기업인에게 외상투자, 회사법, 노동법, 지식재산권법, 프랜차이즈, 소송, 중재 등의 법률서비스에 주안점을 두고 변호사 활동을 이어왔습니다. 한 변호사는 리광법률사무소의 한국 및 일본 관련 업무를 총괄하고 있는 대표변호사입니다.

　우리나라 기업인들에게 중요한 중국투자 지침서인 이 책의 발간을 축하드리며, 많은 분들이 이 책에서 도움을 받아 중국 투자에 성공하기를 바랍니다.

이 기 수

고려대 법학전문대학원 명예교수, 제17대 총장
대한중재인협회 명예협회장

추천사

1980년대 후반 우리 중소기업들은 노동임금 등 생산원가의 상승으로 어려움을 겪게 되었습니다.

이러한 문제를 해결하기 위한 대안으로 값싼 노동력을 충분히 공급받을 수 있고, 잠재적인 시장을 갖춘 중국에 주목하게 되었던 것입니다.

초기에는 주로 노동집약적인 중소제조업체들이 중국으로 진출하여 사업을 시작하였고, 괄목할 만한 성과를 이루기도 하였습니다.

2000년대 들어서면서 중국 기업들이 성장하여 우리 기업들과 각축을 벌이게 되면서 우리 기업들의 경영환경도 다시 위기를 맞게 되었습니다.

이후 제조업 중심의 우리 기업들은 중국에서 철수하여 동남아시아 등 제3국으로 제조시설을 옮겨왔습니다.

그간 우리나라 국내 산업도 전통적인 제조업 중심에서 벗어나 하이테크나 의료, 바이오, 엔터테인먼트 등 서비스 위주로 개편되면서 다시금 거대한 시장을 가지고 있는 중국을 주목하고 있습니다.

중국은 우리와 다른 국가체제, 경제 및 법률제도를 가지고 있기 때문에 중국에 진출하는 경우 이것들이 기업경영에 주요한 위험요인이 되기도 합니다.

더욱이 중국은 성장 중의 국가이기 때문에 기업관련 법령들이 자주 변경되고, 그와 같은 규정들이 산발적으로 존재하기 때문에 이를 찾아 보는 것조차 쉽지 않습니다.

한영호 변호사는 우리 교포로서 중국 정법대와 일본 게이오대학에서 공부한 후 중국에서 변호사로 활동하였고, 2015년 한중 FTA로 우리나라 법률시장이 1단계로 개방되자 2018년 우리나라에 최초로 외국법자문사 등록을 한 후 서울에서 변호사로 활동하고 있습니다.

저도 중국 관련 업무를 하면서 15년 전부터 한영호 변호사와 인연을 맺어오고 있는데 이 책은 그가 변호사로서의 지식과 경험을 압축한 것으로 우리 기업들의 중국 진출에 필요한 핵심적인 내용을 담고 있습니다.

아무쪼록 우리 기업들이 중국시장에서 새로운 도약의 계기를 마련하기를 기대하면서 그 길을 함께할 동반자로서 이 책을 추천합니다.

정 연 호
대한상사중재원, 중국국제무역중재위원회 중재인

≫ 차례

제2편 현지법인

≫ 차례

≫ 차례

≫ 차례

제3편   대표처

≫ 차례

부 록

제1편

중국 진출방식

제1편
중국 진출방식

Q1 | 한국기업의 중국 진출에는 어떤 방식이 있는지?

A1 | 한국기업의 중국[1] 진출에는 주요하게 다음과 같은 방식이 있습니다.

① 현지법인[2] 설립

② 중국 대표처(常驻代表机构) 설립

③ 중국 지사 설립(특별한 업종으로 제한됨)

④ 중국에서의 직접적인 사업운영(특정계약에 의한 경우로 제한됨)

참고로 중국법의 규정에 따르면 상기 진출방식 중의 ③과 ④는 외국기업의 중국 내 영업소(分支机构, 이하 '영업소'라 함)로 분류됩니다.

📖 **구체적인 법률근거** 외국인투자법
외자은행 관리조례
외자보험회사 관리조례
대표처 등기관리조례
외국인투자 동업기업 등기관리규정
외국기업 등기관리방법
회사법

---

1) 이 책자에서 '중국'은 특별한 설명이 있는 경우를 제외하고 홍콩·마카오 및 대만지역을 포함하지 아니합니다.
2) 중국법상에서는 외국인투자기업(外商投资企业)으로 표기되지만 실무상에서는 현지법인이라고 부르는 경우가 많습니다.

Q2 | 한국기업은 중국에 지사를 설립할 수 있는지?

A2 가능합니다.

다만, 중국정부가 허용한 극히 제한된 특별업종에서만 중국에 지사를 설립할 수 있습니다.

예컨대 한국의 은행이나 보험회사는 중국법의 규정에 따라 주관부서의 허가를 거쳐 중국에 지사를 설립하여 사업을 운영할 수 있습니다.

따라서 일반적인 업종에 종사하는 거의 모든 한국기업들은 중국에 지사를 설립할 수 없습니다.

 구체적인 법률근거 외자은행 관리조례
외자보험회사 관리조례

Q3 | 한국기업은 중국에서 직접 사업을 할 수 있는지?

A3 중국 국무원(国务院)3) 또는 국무원으로부터 위임된 주관부서의 허가를 거쳐 회사등기기관에 영업소 등기절차를 완료하는 것을 전제로 한국기업은 중국에서 직접 다음과 같은 사업을 운영할 수 있습니다.

① 육지·해양의 석유 및 기타 광물자원의 탐사·개발

② 가옥·토목공사의 건설, 인테리어 또는 회로·파이프·설비의 설치 등 공사도급

③ 외국인투자기업의 청부 또는 수탁경영

④ 한국계 은행의 중국지점 설립

⑤ 중국정부가 허가하는 기타 경영활동

---

3) 중국의 최고행정기관으로서 현재 그 산하에는 외교부, 국방부, 공안부, 사법부, 교육부, 상무부, 중국인민은행 등 26개의 중앙부서가 설치되어 있으며 총리(总理)가 최고 책임자입니다.

참고로 한국기업이 중국에서 직접 진행할 수 있는 위 사업 중의 ④는 Q2에 대한 답변 내용(한국계 은행의 중국지사 설립)과 서로 겹치는 부분입니다.

그 밖에, 위 사업 중의 ⑤에는 Q2의 답변에 기재한 한국계 보험회사의 중국지사 설립도 포함된다고 보시면 됩니다.

📖 **구체적인 법률근거** 외국기업 등기관리방법 제3조

Q4 | 현지법인에는 어떤 종류가 있는지?

A4 등소평의 개혁·개방 정책과 더불어 20세기 70년대 말 및 80년대 초부터 중국에는 해외 자본의 직접투자와 운영에 관한 가장 중요한 법률로서 합자경영기업법(合资经营企业法), 합작경영기업법(合作经营企业法), 외자기업법(外资企业法) 등 3가지 법률이 존재하였고 현지법인의 종류도 합자기업, 합작기업, 독자기업 등 3가지 형태로 분류되어 그 내부구조와 운영도 회사법의 규정과 다른 점이 많았습니다.

그러던 중 2020년1월1일부터 외국인투자법이 시행됨에 따라 약 40년간의 오랜 역사를 가진 위 3법은 폐지되었고 법률상에서 현지법인의 종류는 회사법 및 동업기업법의 규정과 일치하게 유한회사4), 주식회사5) 및 동업기업6) 형태로만 구분되지만 실무상에서는 자본의 유형에 따라 여전히 합자기업(합자회사)7) 또는 독자기업(독자회사)8)으로 호칭하는 경우도 많습니다.

아울러 한국기업이나 한국인이 중국에 설립한 절대 대부분의 현지법인은 유한회사 형태를 채용하고 있기에, 이 책자에서 말하는 현지법인은 특별한 설명이 없는 한 주식회사 형태를 포함하지 아니합니다.

---

4) 유한책임회사라고도 부릅니다.
5) 주식유한회사라고도 부릅니다.
6) 엄격한 의미상에서 동업기업은 법인이 아니지만 이 책자에서는 설명상의 편의를 도모하기 위해 동업기업도 현지법인의 한 개 종류로 분류하는 바입니다.
7) 외국자본과 중국자본이 혼재하여 있는 기업을 말합니다.
8) 외국자본에 의해서만 설립된 기업을 말합니다.

Q5 한국인의 중국 진출에는 어떤 방식이 있는지?

A5 코로나 사태가 발생하기 전까지만 해도 한국과 중국을 오고 가면서 일명 '보따리장사'라고 하는 소규모 무역업무에 종사하는 한국분들도 적지 않게 계시는 것으로 알고 있지만 한국분들이 중국 내에서 본격적으로 합법적인 사업을 영위하기 위해서는 주요하게 다음과 같은 두 가지 진출방식의 하나를 선택하여야 합니다.

① 법인기업형태의 현지법인 설립

② 동업기업형태의 현지법인 설립

📖 구체적인 법률근거 | 외국인투자법
외국인투자 동업기업 등기관리규정

Q6 한국인은 중국에서 개인사업자를 등록할 수 있는지?

A6 불가능합니다.

비록 중국에도 개인사업자(个体工商户) 관련 법률규정이 있지만 개인사업자를 등록할 수 있는 자격은 중국인으로 제한됩니다.

📖 구체적인 법률근거 | 개인사업자조례 제2조 제1항

Q7 외국인투자법 시행에 따른 기존 합자회사의 법률 리스크는?

A7 Q4의 답변에서 설명 드린 바와 같이 2020년 1월 1일부터 외국인투자법의 시행과 더불어 약 40년간 시행해온 합자경영기업법은 폐지되었습니다.

외국인투자법이 시행되기 전에 외국인투자자가 중국투자자와 함께 투자하여 설립한 현지법인은 대부분 유한회사 형태의 합자기업이지만 중국정부는 합자기업에 대해서 독창적으로 중국 회사법의 규정과 다른 내부구조를 도입하였습니다.

예컨대 중국 회사법에 규정된 유한회사의 최고권력기구는 주주회(股東会)[9]지만 합자기업법에 규정된 합자기업의 최고권력기구는 동사회(董事会)로서 사실상 회사법상의 주주회와 동사회의 권한을 겸비한 부서입니다.

즉, 유한회사 형식을 채택한 합자기업과 순수한 중국계 자본에 의해 설립된 유한회사는 비록 같은 종류의 회사이지만 그 내부구조는 불가사의하게도 크게 다르다는 것입니다.

위와 같이 외국자본이 투입되었는지 여부에 따라 회사 내부구조를 다르게 설치하는 제도가 아무래도 이상하다고 느껴졌는지 중국정부는 이번에 새롭게 실시된 외국인투자법에 현지법인(동업기업은 제외함)의 내부구조와 그 운영규칙은 회사법의 규정에 따라야 한다고 명확히 규정하였습니다.

다만, 외국인투자법이 시행되기 전에 이미 설립된 현지법인들에 대해서는 이 법의 시행일로부터 5년 기한까지는 원래의 내부구조를 보류할 수 있다는 유예 조항을 두고 있습니다. 다시 말하면 2025년 12월 31일까지 기존 현지법인의 내부구조를 회사법의 규정에 따라 재정비하여야 한다는 의미로서 현지법인의 정관을 새롭게 작성할 의무가 있는 것입니다.

그런데 정관은 회사운영에 관한 가장 중요한 법률문서로서 주주들이 합의하여야만 수정할 수 있습니다. 즉 합자회사의 정관을 수정함에 있어서 외국인투자자와 중국투자자 간에 합의가 이루어지지 않을 가능성도 상당히 크다는 것입니다.

하지만 이러할 경우에 어떻게 처리하면 되는지에 대해서는 외국인투자법에 규정이 없고 향후 중국정부가 이에 대한 구체적인 실시방법을 제정한다고 하지만 중국정부에서 당사자들 간의 합의를 강제할 수도 없는 상황이기에 하나의 큰 잠재적인 법률 리스크임이 분명합니다.

---

9) 한국의 '사원총회'에 해당하는 기구입니다.

📖 구체적인 법률근거 외국인투자법 제31조, 제42조 제2항
외국인투자법 실시조례 제44조

Q8 | 외국기업의 대표처란 무엇인지?

A8 외국기업이 중국법의 규정에 따라 중국 내에 설립한 기구로서 해당 외국기업의 업무와 관련된 비영리활동에 종사하며 법인자격을 구비하지 않습니다.

즉, 외국기업의 대표처10)(이하 '대표처'라 함)는 영리활동에 종사하여 서는 아니되며 중국 내에서 발생한 모든 채무와 법적 책임은 해당 대표처를 설립한 외국기업이 부담하여야 합니다.

📖 구체적인 법률근거 대표처 등기관리조례 제2조

Q9 | 외국인투자 동업기업이란 무엇인지?

A9 '외국인투자 동업기업'(外商投資合伙企業)11)이란 2 이상의 외국기업 또는 외국인이 중국 내에 설립한 동업기업 및 외국기업 또는 외국인이 중국의 법인, 개인 또는 기타 단체와 함께 중국 내에 설립한 동업기업을 말합니다. 간략하게 설명 드리면 외국자본이 참여한 동업기업을 외국인 투자 동업기업이라고 합니다.

동업기업은 각 동업자가 동업계약의 규정에 따라 공동으로 출자하여 설립한 기업이지만 법인자격이 없기에 동업자의 일부 또는 모두가 동업기업의 채무에 대해 무한책임을 부담하여야 합니다.

---

10) 실무상에서는 '주재원사무소'라고도 부릅니다.
11) 즉 동업기업 형태의 현지법인을 말합니다.

참고로 외국인투자 진입 네거티브리스트[12])에 규정된 거의 모든 업종에는 외국인투자 동업기업을 설립할 수 없습니다.

상술한 바와 같이 외국인투자 동업기업은 그 투자자에 대한 법적 책임이 상당히 무겁기에 한국기업 또는 한국인의 중국 진출에 있어서는 가급적으로 이러한 진출방식을 선택하지 않는 것이 적절합니다.

📖 **구체적인 법률근거** 외국인투자 동업기업 등기관리규정 제2조 제1항,
제3조 제2항
외국인투자 진입 네거티브리스트(설명) 제4항

Q10 외국인투자 진입 네거티브리스트란 무엇인지?

A10 중국정부가 외국자본의 진입을 금지하거나 제한하는 산업·분야·업무 등을 열거한 리스트를 말하며, 현재 중국정부는 33개 항목에 있어서 외국자본의 진입을 금지하거나 제한하고 있습니다.

예컨대 외국인투자자는 중국 내의 영화제작회사에 투자할 수 없으며, 외국인투자자가 중국 내에서 병원을 설립할 경우에는 중국투자자와의 공동출자에 의한 합자회사 방식을 선택할 수밖에 없습니다.

일반적으로 외국인투자 진입 네거티브리스트는 매년 한 번씩 개정되고 있으며, 외국자본의 진입을 금지하거나 제한하는 항목은 점차적으로 감소되고 있는 추세입니다.

최신 버전인 2020년도 네거티브리스트는 이 책자의 부록5를 참조하여 주십시오.

---

12) Negative list

Q11 법인기업 및 동업기업 형태의 현지법인과 대표처의 장단점은?

A11 외국인투자자의 입지에서 보는 법인기업 및 동업기업 형태의 현지법인과 대표처의 주요한 장단점은 다음과 같습니다.

종류/분야	현지법인(법인기업)	현지법인(동업기업)	대표처
투자자	외국의 자연인, 기업 및 기타 단체	외국의 자연인, 기업	외국기업
용역출자	불가	외국의 자연인은 가능함	불가
채무부담	유한책임	무한책임 (유한동업자일 경우는 제외)	외국기업이 책임을 부담
영리활동	가능함	가능함	불가
종업원채용	직접채용 가능함	직접채용 가능함	직접채용 불가
납세의무	있음	있음	있음

Q12 합자회사와 독자회사의 장단점은?

A12 한국투자자의 입지에서 보는 합자회사와 독자회사의 주요한 장단점은 다음과 같습니다.

종류/분야	합자회사	독자회사
경영이념	사회·문화적 차이로 인한 경영이념 갈등이 자주 발생함	해당 이슈 없음
의사결정	중국투자자의 견제를 많이 받으며 현지법인의 경영사항에 대한 의사결정 갈등이 자주 발생함	해당 이슈 없음
자금유치	중국투자자의 자금력을 이용할 수 있음	해당 우세 없음
영업자원	중국투자자가 중국 경내에 이미 구축한 영업 네트워크를 이용할 수 있음	해당 우세 없음
인력자원	중국투자자가 중국 경내에서 이미 확보한 인력자원을 이용할 수 있음	해당 우세 없음
정부관계	중국투자자의 대 정부 인적 네트워크를 이용할 수 있음	해당 우세 없음
기술유출	한국투자자가 현지법인에 도입한 기술이 유출될 리스크가 높음	한국투자자가 현지법인에 도입한 기술이 유출될 리스크가 상대적으로 낮음

A13 공식적인 통계는 없지만 저희들의 실무 경험상 한국기업과 중국기업의 공동출자에 의한 합자회사가 중국사업에서 성공한 사례는 거의 찾아볼 수 없을 정도로 적습니다. 일본기업의 경우도 별반 차이 없습니다.

한국기업들이 중국기업과 함께 투자하여 합자회사를 설립하는 가장 큰 이유로서 중국기업의 자금이나 영업자원의 이용 및 원활한 대 정부 관계의 확보를 손꼽을 수 있지만 실제상황은 기대치와 많이 다르고, 한국기업이 잠재적인 리스크를 안고 중국사업을 시작하는 경우가 대부분이며 구체적으로 다음과 같은 문제점이 존재합니다.

1. 중국기업의 자금 이용에 수반하는 문제점

실무상에서 한국 중소기업이나 개인이 우수한 기술을 보유하고 있으나 자금력 또는 인재 부족으로 인해 독자적인 중국진출이 어렵다고 고민하는 시점에 누군가의 소개나 전시회 등 우연한 기회로 중국기업을 알게 되어 급격히 협상이 추진되는 경우가 대부분입니다.

요즘은 코로나 때문에 한국으로 출장 오는 것이 현실적으로 어렵지만 과거에는 중국기업이 한국을 방문하면서까지 적극적인 합작 의지를 보여주었습니다. 하지만 전문가의 안목으로 막상 뚜껑을 열어보면 소통상의 문제와 문화적 차이로 인해 서로 간의 진실한 의도나 목적에 큰 오해가 있는 경우가 많습니다.

특히 전통산업에 종사하는 중국 제조업체들의 관점에서는 아직까지도 실감할 수 있는 자금이나 현물이 기술보다 더 소중한 존재이기에 운영자금을 제공하는 측이 합자회사에서 당연히 더욱 많은 지분을 차지하여야 한다고 봅니다. 이와 반대로 한국기업은 자신이 보유하고 있는 기술이 비록 중국에서 특허등록을 받은 기술은 아니지만 장기간에 걸쳐 축적한 노하우의 결정체이기에 당연히 합자회사에서 중국측과 대등하거나 더욱 많은 지분을 차지하여야 한다고 생각합니다.

하지만 결과적으로 한국기업은 자본의 힘과 중국시장의 매력에 이끌려 지분비율과 회사경영권 방면에서 많은 양보를 하고 합자회사를 설립하는 경우가 적지 않으며, 이는 한국기업이 합자회사를 설립하는 단계로부터 이미 주도권을 상실한 상태에서 중국사업을 시작하였음을 의미합니다.

2. 중국기업의 영업자원 이용에 수반하는 문제점

중국기업은 장기간 중국 내에서 사업을 하였기에 자체적으로 어느 정도의 판매채널·거래처 등 영업자원을 확보하고 있으며, 한국기업은 중국기업의 이러한 영업자원을 이용하기 위해 중국기업과 함께 투자하여 합자회사를 설립하는 경우가 적지 않습니다.

합자회사 설립 초기에는 서로 간에 도움되는 것이 많기에 그나마 순조롭게 사업을 진행할 수 있지만 중국기업이 한국기업의 기술이나 노하우를 대부분 습득하였고 별거 아니라는 생각이 들 때부터 상황은 점차적으로 바뀌어 가며 경영상의 사소한 문제로부터 마찰이 발생하기 시작합니다. 또한 합자회사 설립 전이나 초기에 중국기업이 약속한 여러 가지 조건들도 점차적으로 퇴색하거나 지켜지지 않습니다.

한국기업의 기술이 아무리 좋다 해도 핵심부품이나 AS를 한국기업에 의지할 필요가 없을 경우, 판매채널이나 거래처는 중국기업이 장악하고 있기에 한국기업은 해당 사업에서 서서히 배제됩니다.

따라서 이러한 경우에는 서둘러 합자회사를 설립하지 마시고 먼저 적절한 영업자원을 가지고 있는 중국기업과 대리점계약을 맺어 일정한 기간 동안 거래하여 그 적성이나 신용상황을 체크한 후 합자회사의 설립을 고려하실 것을 제안 드립니다.

3. 중국기업에 의한 대 정부관계 확보 관련 문제점

합자회사 설립을 협상하는 단계에서 중국기업이 현지 정부와의 친밀한 관계를 자랑하는 경우가 많습니다. 그리고 현지에 투자하면 정책상에서 여러 가지 혜택을 받을 수 있다고 호언장담합니다. 하지만 이러한 말들을 100% 그대로 믿으면 대개는 큰 낭패를 봅니다.

실무상에서 중국의 중소형 도시에 소재하여 있거나 일정한 규모가 되는 중국기업들은 대부분 현지정부와 어느 정도의 인적 네트워크를 가지고 있는 것은 사실입니다. 다만, 이러한 네트워크가 무조건 든든한 버팀목이 되는 것은 아닙니다.

한국분들은 중국이 사회주의 국가이기에 공산당 서기나 시장이 무엇이든 자기 마음대로 할 수 있다고 생각하지만 이는 엄청난 착각입니다.

과거에는 그럴 수 있었을지도 모르겠지만 현재는 그렇지 않습니다. 시진핑 정부의 장기적인 반부패 운동으로 인해 중국에서 공무원도 엄청난 리스크를 동반하는 직업으로 되었습니다. 정부와의 관계는 너무 멀리하는 것도 문제이지만 너무 가까이하는 것도 문제입니다. 멀지도 않고 가깝지도 않은 선에서 정상적인 관계를 유지하면서 준법 경영을 하는 것이 올바른 길입니다.

제2편
현지 법인

제2편
현지법인

앞부분에서 설명 드린 바와 같이, 중국 회사법의 규정에 따르면 현지법인은 유한회사와 주식회사로 분류되지만 한국기업이나 한국인이 중국에 진출함에 있어서 이용하는 현지법인의 형태는 거의 모두 유한회사이기에 이 책에서 특별한 설명이 없는 한 현지법인은 유한회사형태의 회사를 말합니다.

••• 제1장 현지법인 설립

제1절 신규 설립

Ⅰ. 설립형태

Q14 │ 한국투자자는 중국인과 함께 현지법인을 설립할 수 있는지?

A14 가능합니다.

과거의 합자경영기업법 및 합작경영기업법에서는 외국인투자자와 공동으로 출자하여 합자회사 또는 합작회사를 설립할 수 있는 중국투자자를 기업 또는 기타 경제단체로 제한하였지만 위 법률은 2020년 1월 1일자로 외국인투자법이 시행됨에 따라 폐지되었습니다.

또한 같은 일자로 시행된 외국인투자법 실시조례는 외국인투자기업의 투자자 범위에는 중국의 자연인도 포함된다고 명확히 규정하고 있습니다.

따라서 한국기업이나 한국인은 중국인과 함께 투자하여 현지법인을 설립할 수 있습니다.

📖 구체적인 법률근거 ╱ 외국인투자법 실시조례 제3조

Q15 전과자이면 현지법인의 주주로 될 수 없는지?

A15 아닙니다.

전과자라고 해도 중국에서 현지법인의 주주13)(股东)로 되는 것은 법률적으로 전혀 문제되지 않습니다.

상해 전과가 있는 한 한국인이 중국에 투자하여 현지법인을 설립하기로 했는데 현지의 중국인 친구(후에는 사기꾼으로 확인됨)가 전과자는 중국에서 회사를 설립할 수 없으니 본인의 명의로 현지법인을 설립하라고 제안한 사건을 실제로 상담 받은 사례가 있어서 특별히 설명 드리는 바입니다.

Q16 현지법인의 투자자는 몇 명까지 가능한지?

A16 중국법의 규정에 따르면 현지법인의 투자자(주주)는 최저로 1명, 최다로 50명까지 가능합니다.

투자자의 인원수가 50명을 초과할 경우에는 주식회사 형태의 현지법인을 설립하여야 합니다.

📖 구체적인 법률근거 회사법 제24조, 제78조

Q17 한국인은 중국에서 몇 개의 1인 주주 현지법인을 설립할 수 있는지?

A17 중국법의 규정에 따르면 1명의 자연인이 설립할 수 있는 1인 주주 유한회사는 1개로 제한됩니다. 따라서 한국인이 중국에서 설립할 수 있는 1인 주주 현지법인은 1개입니다.

---

13) 한국에서 유한회사의 투자자는 '사원'이라고 부르고 주식회사의 투자자는 '주주'라고 부르지만, 중국에서는 유한회사와 주식회사의 투자자를 모두 '주주'라고 부릅니다.

그 밖에 1명의 자연인이 설립한 1인 주주 유한회사는 새로운 1인 주주 유한회사를 설립할 수 없습니다. 따라서 1명의 한국인이 투자해 설립한 현지법인은 단독으로 투자하여 새로운 현지법인을 설립할 수 없습니다.

📖 구체적인 법률근거 **회사법 제58조**

Q18 | 한국인 익명주주는 불법일까요?

A18 중국에서 사업하시는 한국분들이 이러 저러한 원인으로 인해 중국인의 명의로 현지법인을 설립하여 운영하는 경우가 적지 않습니다.

즉 현지법인의 설립에 필요한 투자금의 전부 또는 일부를 한국인이 제공하였음에도 불구하고 회사등기부상에서는 중국인만이 주주로 등기되고 한국인은 익명주주로 되는 것입니다.

과거에 이러한 투자로 인해 한국인 익명주주가 중국인에게 현지법인을 갈취당한 사례가 적지 않게 발생하였습니다. 속된 말로 바지사장이 진짜 사장을 회사에서 쫓아낸 것이죠. 한국인의 처지에서는 외국이고 또 투자방식이 정규적이 아니니까 소송할 엄두도 못 내고 그냥 울며 겨자 먹기로 물러서는 경우가 대부분입니다.

그런데 최근 중국 상하이 법원에서 외국인 익명주주의 합법성 여부에 관하여 처음으로 판결을 내렸는데 그 내용이 아주 획기적인지라 여러 분들에게 공유 드립니다.

2009년 외국인 A(중국계 외국인이라고 추정됨)와 중국인 B는 상하이에서 함께 투자하여 J 무역회사를 설립하기로 하였으나 그 당시 유효한 합자경영기업법의 규정에 의하면 외국인투자자는 중국국적 자연인과 함께 투자하여 합자회사를 설립할 수 없었습니다. 이 법률 규제를 회피하기 위하여 A는 중국 국적 보유자인 자신의 동생 C를 주주로 참여시켜 J 무역회사를 설립하였습니다.

J 무역회사의 등록자본금은 100만 위안이고 회사등기부상에서는 B가 51%, C가 49%의 지분을 가지고 있는 것으로 등기되었지만 실제로는 A가 51만 위안, B가 25만 위안, C가 24만 위안을 투자한 것입니다.

따라서 A, B, C는 J 무역회사가 설립된 후 실제 지분비율은 A : B : C = 51% : 25% : 24%라는 내용의 각서를 체결하였고, J 무역회사는 A가 51만 위안을 출자하였음을 증명하는 내용의 출자증명서도 발급하였습니다. 즉 B는 A를 대신하여 26%의 지분을 보유하고 C는 A를 대신하여 25%의 지분을 보유한 것이며 A는 익명주주입니다.

J 무역회사가 설립되어 일정한 기간이 경과한 후 A는 B에게 자신을 대신하여 보유하고 있는 26%의 지분을 C에게 무상으로 양도할 것을 요청하였으나 돈에 눈이 먼 B는 이를 거절하였습니다. 각서는 팽개치고 회사등기부에 기재된 내용대로 가자는 것입니다. 결국 A는 상하이 관할 법원에 B와 J 무역회사를 피고로 26%의 지분을 자신에게 무상으로 양도할 것을 청구하는 소송을 제기하였습니다.

1심 법원은 A가 J 무역회사의 익명주주라는 증거가 확실하다고 인정하여 B가 A를 대신하여 보유한 26%의 지분을 A의 명의로 변경할 것을 명하는 취지의 판결을 내렸습니다.

B는 1심 판결에 불복하여 항소를 제기하였지만 2심 법원은 A의 익명주주 지위를 인정함과 동시에 2020년 1월 1일부터 외국인투자법이 시행됨으로 인해 중국적 자연인이 합자회사의 주주로 되는 것을 금지한 합자경영기업법이 폐지되었고, J 무역회사는 외국자본의 참여를 제한하거나 금지하는 네거티브리스트에 해당하는 업종에도 종사하지 않기에 1심 판결을 유지한다는 취지의 확정 판결을 내렸습니다.

결론적으로 상하이 법원은 현지법인이 네거티브리스트에 해당하는 업종에 종사하지 않을 경우 외국인 익명주주는 불법이 아니라는 판결을 내린 셈입니다.

따라서 향후 한국인이 익명주주 형식으로 설립한 현지법인이 중국 정부에서 외국자본의 진입을 금지하거나 제한하는 업종에 종사하지 않을 경우, 한국인 익명주주도 불법이 아니라고 인정받을 가능성이 높을 것으로 사료됩니다.

Q19	VIE 구조는 어떤 것인지?

| A19 | VIE(Variable Interest Entity)는 변동지분실체, 변동이해실체 또는 가변이익실체라고 부르는 투자모델로서 특정산업에 대한 중국정부의 외국자본 제한조치를 에둘러 가기 위해 자주 사용되는 지배구조입니다. |

VIE구조는 여러 가지 종류가 있지만 실무상에서 한국기업들이 심플하게 사용하고 있는 대표적인 VIE구조는 아래 도표와 같습니다.

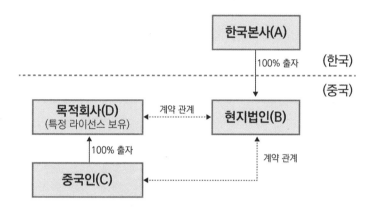

위 도표에 있어서 한국본사(A)는 중국에서 어떤 특수한 사업(이하 '특정사업'이라 함)을 하려고 하지만 해당 사업은 중국정부가 외국자본의 참여를 금지하는 업종이기에 A는 중국에 현지법인을 설립하여 직접 해당 사업을 영위할 수 없습니다.

이러한 경우 A는 다음과 같은 절차 및 사업구조에 의해 특정사업에 대한 중국정부의 외국자본 제한조치를 피해갈 수 있습니다.

① 중국에 해당 사업과 일정한 관련이 있으나 외국자본의 참여를 제한하지 않는 사업내용의 현지법인(B)을 설립하며 A는 B의 지분을 100% 보유함, 즉 A는 중국에 먼저 WFOE(Wholly Foreign Owned Enterprise)를 설립함

② B는 신뢰하고 있는 중국인(C)에게 일정한 자금을 대여하여 C의 명의로 특정사업에 종사할 수 있는 목적회사(D)를 설립하며 C는 D의 지분을 100% 보유함

③ D는 관련 라이선스를 취득한 후 중국 내에서 합법적으로 특정사업에
  종사함

④ B는 C, D와 자금대여, 의결권위임, 콜옵션, 지분 질권설정, 상표사용
  허가, 업무컨설팅, 제품·서비스 독점공급 등 일련의 계약을 체결함
  으로써 D에 대한 실질적인 소유와 운영 및 영업수익 취득 목적을
  달성함

Q20 VIE 구조는 합법적인지?

A20 VIE구조는 중국 IT기업들이 뉴욕 증권거래소에서의 상장과 특정산업에
대한 중국정부의 외국자본 규제를 피하기 위해 사용한 것을 시조로
중국에서 장기간 유행되고 있는 투자 모델이며 대표적인 사례는 중국
최대 온라인 쇼핑몰회사인 알리바바그룹입니다.

알리바바그룹의 지주회사인 알리바바 홀딩스는 영국령 케이먼 제도에
설립되었지만 실질적으로 중국에서 온라인 쇼핑몰 사업을 운영하는
타오바오, 티몰 등 회사(이하 '목적회사'라 함)는 중국자본에 의해
설립된 회사이며, 알리바바 홀딩스는 중국에 설립한 여러 개의 독자
회사를 통해 목적회사와 자금대여, 의결권위임, 콜옵션, 지분 질권설정,
기술서비스 독점제공 등 일련의 계약을 체결함으로써 실질적으로
목적회사를 지배하고 영업수익을 챙기고 있습니다.

VIE구조는 외국기업(또는 중국인들이 해외에 설립한 BVI회사)이 중국
내 특정산업분야 진출에 있어서 중국정부의 규제회피를 주요한 목적
으로 하기에 그 합법성 여부에 대해서는 끊임없이 논쟁이 발생하고
있으나 아직까지 중국법원이 VIE구조 자체가 불법이라고 인정한 판례는
없는 것으로 알고 있습니다.

다만, 중국국제경제무역중재위원회(CIETAC) 상하이분회는 2010년
및 2011년에 심리한 2건의 VIE 관련 중재사건에서 "합법적인 형식으로
불법적인 목적을 은폐하였다"는 이유로 해당 VIE계약이 무효하다는
중재판정을 내린 사례가 있습니다.

아울러 향후 중국정부의 정책조정으로 인해 중국법원이 VIE구조 자체를 불법이라고 판단할 리스크도 배제할 수 없는 상황입니다.

그 밖에, VIE구조에 있어서 한국본사와 목적회사의 명의주주로 되는 중국인 간의 신뢰관계가 깨지면 여러 가지 분쟁이 발생할 수 있기에 VIE구조의 이용은 신중하게 고려하시기 바랍니다.

Q21 홍콩을 경유하여 현지법인을 설립하면 어떤 장점이 있는지?

A21 실무상에서 한국기업들이 중국에 현지법인을 설립할 때 홍콩을 경유하여 투자하는 사례가 적지 않게 존재합니다.

즉 한국본사가 직접 중국에 투자하여 현지법인을 설립하는 것이 아니라 먼저 홍콩에 페이퍼컴퍼니를 설립한 후 페이퍼컴퍼니의 명의로 중국에 현지법인을 설립하는 방식입니다.

이러한 투자방식을 선택하고자 하는 한국기업들에게 그 원인을 물어보면 대개는 다른 한국기업의 소개에 의하면 이러한 투자방식이 여러모로 편리하기 때문이라고 합니다.

그렇다면 홍콩을 경유하여 중국에 현지법인을 설립하면 과연 정말로 편리할까요?

아닙니다.

법률적인 관점으로부터 보면 한국본사에 대해 편리하거나 유리한 점은 없습니다.

실무상에서 이러한 투자방식을 선호하는 가장 큰 이유로 현지법인의 이윤을 해외로 송금하는 것이 쉬워진다는 점을 들고 있지만, 사실상 중국 대륙에서 홍콩으로 이윤을 송금하는 것과 한국으로 이윤을 송금하는 절차는 똑같은 외환관리법의 규제를 받습니다.

홍콩이 중국에 속하니까 현지법인의 자금을 쉽게 홍콩으로 빼돌릴 수 있을 것이라는 관점은 실무상에서 아무런 법적 근거도 없는 잘못된 생각입니다.

II. 출자방식 및 등록자본금

Q22 한국투자자는 어떤 방식으로 현지법인에 출자할 수 있는지?

A22 중국법의 규정에 따르면 한국투자자나 중국투자자가 현지법인에 출자할 수 있는 방식에는 차이가 없습니다.

한국투자자는 다음과 같은 방식에 의해 현지법인에 출자할 수 있습니다.

① 화폐

② 현물, 지식재산권, 토지사용권 등 화폐로 평가할 수 있고 법에 따라 양도할 수 있는 비화폐재산

비화폐재산으로 출자할 경우에는 평가를 통해 재산을 확인하여야 하며 그 가치를 높게 또는 낮게 정하여서는 아니됩니다.

참고로 용역, 신용, 자연인의 성명, 상업상의 신용과 명예(商誉), 특정 사업면허권(特许经营权) 또는 담보권이 설정된 재산 등은 현지법인에 출자할 수 없습니다.

📖 **구체적인 법률근거** 회사법 제27조
회사등록자본금 등기 관리규정 제5조

Q23 한국투자자는 기술로만 현지법인에 출자할 수 있는지?

A23 가능합니다.

한국투자자는 자신이 적법하게 보유하고 있는 특허, 노하우 등 지식재산권으로만 현지법인에 출자할 수도 있습니다.

과거의 중국 회사법에는 현물출자의 비율을 등록자본금의 70% 이내로 제한하는 규정이 있었지만 이 규정은 2014년 회사법 개정에서 폐지되었습니다.

다만, 실무상에서 중국 특허권을 취득하지 못한 노하우는 그 가치를 평가하기 어려운 면이 있기에 노하우로 출자할 경우에는 중국 내의 관련 평가회사에 미리 확인할 필요가 있습니다.

📖 구체적인 법률근거 ▶ 회사법 제27조
회사등록자본금 등기 관리규정 제5조

Q24 | 한국투자자는 다른 현지법인의 지분으로 출자할 수 있는지?

A24 가능합니다.

한국투자자는 자신이 보유하고 있는 중국 내의 다른 현지법인(이하 '대상회사'라 함)의 지분(이하 '대상지분'이라 함)으로 새로운 현지법인에 출자할 수 있습니다.

대상지분은 권리 귀속관계가 명확하고 권리능력이 완전하며 법에 따라 양도할 수 있는 지분이어야 합니다.

다음과 같은 상황의 하나에 해당하는 대상지분은 현지법인에 출자할 수 없습니다.

① 대상지분에 이미 질권이 설정됨

② 대상회사 정관의 약정에 의해 대상지분의 양도가 금지됨

③ 법률·행정법규 및 국무원의 결정에 의해 대상회사의 주주가 대상지분을 양도함에 있어서 주관부서의 허가를 받아야 하지만 해당 허가를 받지 못함

④ 법률·행정법규 및 국무원의 결정에 의해 대상지분을 양도해서는 아니되는 기타 상황이 존재함

참고로 중국투자자도 자신이 보유하고 있는 다른 중국회사의 지분으로 새로운 중국회사에 출자할 수 있습니다.

📖 구체적인 법률근거 ▶ 회사등록자본금 등기 관리규정 제6조

A25 가능합니다.

외국인투자자는 자신이 적법하게 보유하고 있는 중국회사(이하 '대상회사'라 함)의 채권(이하 '대상채권'이라 함)을 대상회사의 지분으로 전환할 수 있습니다.

다만, 대상채권은 다음과 같은 상황의 하나에 부합되어야 합니다.

① 외국인투자자가 채권에 대응하는 계약의무를 이미 이행하였고 또한 법률·행정법규 및 국무원의 결정 또는 대상회사 정관의 금지 규정에 위반되지 않음

② 중국법원의 확정 판결 또는 중재기구의 중재판정에 의해 확인됨

③ 대상회사의 회생 또는 파산화해 기간에 있어서 중국법원이 허용한 회생계획 또는 화해합의서에 포함됨

아울러 대상채권을 2인 이상의 채권자가 보유하고 있을 경우, 채권자는 채권에 대해 분할 작업을 이미 완료한 상태이어야 하며, 대상채권을 지분으로 전환할 경우 대상회사는 등록자본금을 그만큼 증가하여야 합니다.

참고로 중국투자자도 자신이 보유하고 있는 중국회사의 채권을 해당 중국회사의 지분으로 전환할 수 있습니다.

📖 구체적인 법률근거 회사등록자본금 등기 관리규정 제7조

Q26 현지법인의 등록자본금은 얼마로 설정해야 하는지?

A26 현지법인의 등록자본금은 전체 투자자(주주)가 납입하기로 승낙한 출자금을 말하며, 현행 중국 회사법에는 이에 대한 강제규정이 없기에 현지법인의 등록자본금은 투자자가 자체적으로 결정할 수 있습니다.

다만, 법률·행정법규 및 국무원의 결정에 현지법인 등록자본금의 실제납부, 최저금액 등에 대해 별도의 규정이 있을 경우는 제외됩니다. 예컨대 전국적 규모의 상업은행을 설립할 경우 그 등록자본금은 실제로 납입한 금액이고 최저한도액은 10억 위안입니다.

이론상에서는 등록자본금이 1위안 밖에 안 되는 현지법인도 설립 가능하지만 그 금액이 너무 적으면 신용도가 많이 떨어질 수 있기에 등록자본금은 적당히 높은 금액으로 책정하시는 것이 향후의 중국 사업에 유리할 것입니다.

 회사법 제26조
회사등록자본금 등기 관리규정 제2조 제1항, 제4항

Q27 한국투자자의 출자금은 언제까지 납입해야 하는지?

A27 중국 회사법에는 현지법인의 출자기한에 대한 강제규정이 없습니다.

과거에 중국 회사법 및 현지법인 관련 법률에는 외국인투자자에 의한 출자금의 납입에 대해 분할납입과 일괄납입의 경우로 나누어서 여러 가지 제한을 두었지만 이러한 제한적 규정은 모두 폐지되었습니다.

따라서 특별법에 명확한 규정이 있는 경우를 제외하고 한국투자자는 현지법인의 정관에 기재한 금액 및 기한에 따라 출자금을 납입하면 됩니다.

예컨대 한국 독자기업 형태인 현지법인의 정관에 등록자본금을 100만 위안으로 정하고 현지법인 설립일로부터 1년 내에 1만 위안을 납입하고 나머지 99만 위안은 현지법인 설립일로부터 10년 내에 납입할 것으로 규정하여 한국투자자는 위 규정에 따라 출자금 납입의무를 이행할 수 있습니다.

한국투자자가 화폐방식으로 출자할 경우에는 화폐 출자금을 전부 현지법인의 자본금계좌로 입금하여야 하며 현물, 지식재산권, 토지 사용권 등 비화폐재산으로 출자할 경우에는 해당 재산권리를 현지 법인의 명의로 변경하는 절차를 밟아야 합니다.

그 밖에, 한국투자자가 현지법인의 정관에 규정된 기한 내에 출자금을 전부 납입하지 않았을 경우에는 정관의 약정대로 출자금을 전부 납입한 상대방 투자자에 대해 위약책임을 부담하여야 합니다.

📖 **구체적인 법률근거** 회사법 제28조

Q28 현지법인의 등록자본금은 높게 설정할수록 좋을까요?

A28 현지법인 등록자본금의 금액 및 납입기한에 대한 중국법의 규제가 폐지됨으로 인해 등록자본금을 엄청난 금액으로 등록하는 것이 현실적으로 가능하게 되었습니다.

실무상에서도 이러한 법률개정을 악용하여 천문학적 금액의 등록자본금으로 페이퍼컴퍼니를 설립해 사기행각을 일삼는 중국인들이 많아지고 있습니다.

그렇다면 현지법인의 등록자본금은 높게 설정할수록 좋을까요? 그렇지 않습니다.

중국법상에서 현지법인의 등록자본금은 회사등기기관에 등기한 모든 주주가 납입할 것을 승낙한 출자금 총액을 말하며, 현지법인의 주주는 자신이 납입할 것을 승낙한 출자금을 한도로 현지법인의 채무에 대해 책임을 부담하게 됩니다.

따라서 현지법인의 등록자본금을 사업상의 실제 자금수요보다 과도하게 많이 설정하면 그 만큼 투자자의 채무 리스크도 높아지게 됩니다.

예컨대 한국 A사는 중국에서 무역업무에 종사하는 현지법인을 설립하였는데 사업상의 실제 자금수요는 100만 달러이지만 현지법인을 대형회사로 보이도록 하기 위해 등록자본금을 1,000만 달러로 등록하였고, 출자금의 납입기한은 현지법인 설립일로부터 1년 내에 100만 달러를 납입하고 나머지 금액은 현지법인 설립일로부터 20년 내에 납입하는 것으로 정관에 규정하였습니다. 현지법인은 설립 5년 후 경영난으로 인해 파산되었으며 미지불 채무는 1,500만 달러입니다.

이러한 경우 A사는 파산절차에 있어서 아직 납입하지 않은 900만 달러의 출자금을 현지법인에 추가 납입하여 채무를 변제할 의무가 있습니다.

구체적인 법률근거 회사법 제3조 제2항, 제26조 제1항

Q29 현지법인의 출자비율과 지분비율은 같은 개념인가요?

A29 아닙니다.

출자비율은 주주가 실제로 현지법인에 납입한 출자금이 현지법인의 등록자본금 총액에서 차지하는 비율을 말하며, 지분비율은 주주가 출자에 의해 보유하는 현지법인의 재산권, 의결권 등 권리의 비율을 말합니다.

통상적으로 현지법인의 지분비율은 출자비율에 근거하여 확정하기에 두 종류의 비율이 동일한 경우가 대부분이지만 주주 간에 합의하였을 경우에는 정관에 지분비율 관련 특별약정을 둘 수 있습니다.

예컨대 한국 A사와 중국 B사가 공동으로 투자하여 설립한 현지법인의 등록자본금은 100만 위안이며 A사와 B사가 실제로 납입한 출자금은 각각 40만 위안과 60만 위안으로서 출자비율은 40% : 60%입니다.

쌍방이 정관에 별도의 약정을 두지 않았을 경우, 현지법인의 이윤배당 및 의결권행사 등은 모두 출자비율에 따라 집행하게 됩니다.

다만, 정관에 위 권리의 행사를 A사와 B사의 출자비율에 따르지 않고 쌍방이 별도로 합의한 50% : 50%로 집행한다고 규정하였을 경우, 상기 50% : 50%는 지분비율에 해당합니다.

III. 주소 및 명칭

Q30 현지법인 설립에 있어서 주소는 반드시 필요한 것인지?

A30 한국에서의 회사설립과 마찬가지로 주소는 현지법인 설립에 있어서 반드시 필요한 것입니다.

또한 주소는 현지법인의 주요 사무기구 소재지로서 필수등기사항이며 회사등기기관에 등기한 주소는 1개로 제한됩니다.

현지법인의 주소가 변경되었음에도 불구하고 적시에 변경등기 절차를 밟지 않으면 회사등기기관에 의해 처벌될 수 있으니 주의가 필요합니다.

📖 **구체적인 법률근거** 회사등기 관리조례 제9조, 제12조, 제29조 제1항, 제68조

Q31 현지법인의 주소로 사용할 수 있는 장소는 어떤 것인지?

베이징시 시장감독관리국14)에서 공시한 내용에 따르면 베이징시에서 현지법인을 설립할 경우, 주소로 사용하는 장소는 그 용도가 주택(아파트, 별장 등)이 아닌 사무실이어야 합니다.

아울러 동일한 주소에 관계사 이외의 기타 회사가 이미 등기되어 있을 경우에는 현지법인의 주소로 등기할 수 없기에 부동산권리자와 중개업체에 미리 확인할 필요가 있습니다.

참고로 중국에서는 지역별로 현지법인의 주소로 사용할 수 있는 장소에 대한 요구가 다소 다를 수 있기에 꼭 현지의 대리업체를 통해 미리 확인하시기 바랍니다.

---

14) 과거에 회사등기기관은 공상행정관리국(실무상에서는 공상국이라고 약칭함)이라고 불렸지만 중국정부의 행정기관 통합개혁으로 인해 2018년 4월부터는 시장감독관리국으로 개명되었습니다.

위에서 상술한 것처럼 사전 확인 없이 부동산임대계약을 체결하고 보증금까지 지불한 후에 현지법인의 주소로 사용할 수 없음이 판명되면 그야말로 골치 아픈 일입니다.

Q32 동일한 주소에 여러 개의 회사를 등기할 수 있는지?

A32 베이징시의 경우에는 현재 동일한 주소에 3개 정도의 관계사를 등기할 수 있는 것으로 알고 있습니다. 다만, 다른 지역일 경우에는 이러한 등기방법이 허용되지 않을 수도 있습니다.

중국에서 현지법인을 설립할 때 가장 골치 아픈 문제는 회사등기기관에서 공시한 가이드라인에도 없는 여러 가지 요구사항이 수시로 튀어나오는 것입니다.

따라서 현지법인의 설립등기에 관련된 사항은 반드시 현지의 대리업체에 미리 확인할 필요가 있습니다.

Q33 현지법인은 가상주소를 등기주소로 할 수 있는지?

A33 중국법에는 가상주소라는 개념은 없고, 이는 일부 지방정부에서 투자유치를 위해 만들어낸 특수한 우대정책으로서 엄격히 따져 보면 중국법에 위반되는 것입니다.

저희들이 알고 있는 바에 의하면 현재 베이징에서 현지법인을 설립할 경우에는 가상주소를 사용할 수 없지만 상하이에서는 가능합니다.

다만, 상하이에서도 가상주소는 정부차원에서 공식적으로 승인된 제도는 아니고 산업단지 등 지역에서 투자유치를 위해 만들어낸 비공개적인 우대정책이라고 볼 수 있습니다.

예컨대 가상주소를 사용할 경우에는 현지법인의 등록자본금을 20만 달러 이상으로 설정해야 한다든가 현지법인이 설립되어서 1년 내에 일정한 세금을 납부해야 한다든가 등 여러 가지 부가조건이 있는 것으로 알고 있으며 언제든지 취소될 리스크도 존재합니다.

따라서 부득이한 사정으로 인해 가상주소를 이용하더라도 1~2년 간 과도용으로만 하시고, 현지법인의 경영이 정상궤도에 들어서면 합법적인 장소를 임대하여 등기주소로 하는 것이 적절합니다.

Q34 현지법인의 명칭은 어떻게 구성되는지?

A34 일반적으로 현지법인의 명칭은 〈행정구역+상호+업종+회사형태〉로 구성됩니다.

예컨대 〈北京杰伟品文化交流有限公司〉라는 현지법인의 명칭에 있어서 〈北京〉(베이징)은 행정구역이고 〈杰伟品〉(한국 JYP상호를 중문으로 작명)은 상호이며 〈文化交流〉(문화교류)는 업종이고 〈有限公司〉(유한회사)는 회사형태입니다.

다만, 행정구역은 상호와 회사형태의 중간 위치에 넣을 수도 있습니다.

예컨대 〈三星咨询 (北京) 有限公司〉라는 현지법인의 명칭에 있어서 〈三星〉(삼성)은 상호이고 〈咨询〉(컨설팅)은 업종이며 〈北京〉(베이징)은 행정구역이고 〈有限公司〉(유한회사)는 회사형태입니다.

그 밖에, 외국기업이 100% 투자하여 설립한 현지법인 또는 외국기업이 지배주주15)인 현지법인은 그 명칭의 중간 위치에 (中国)(중국)을 표기할 수 있습니다.

예컨대 〈三星 (中国) 投资有限公司〉라는 현지법인은 한국 삼성전자 주식회사가 100% 투자하여 설립한 현지법인이기에 그 명칭의 중간 위치에 〈(中国)〉을 표기할 수 있게 된 것입니다.

---

15) '지배주주'란 그 출자금이 유한회사 자본총액의 50% 이상을 차지하거나 보유하고 있는 주식이 주식회사 주식자본총액의 50% 이상인 주주, 출자금 또는 보유하고 있는 주식의 비율이 50% 미만이지만 그 출자금 또는 주식에 의해 향유하는 의결권이 주주회 또는 주주총회의 의결에 중대한 영향을 미치는 주주를 말합니다.

기업명칭등기 관리규정 제7조 제1항
기업명칭등기 관리실시방법 제10조 제3항

Q35 현지법인의 상호는 어떻게 확정하는지?

A35 현지법인의 상호는 중국 전역에서 동일한 업종에 이미 등록된 기업의 상호와 동일하거나 유사해서는 아니됩니다.

이미 등록된 동일하거나 유사한 상호가 존재하는지 여부는 현지법인 설립절차에 있어서 확인하게 되는데 베이징이나 상하이 등 경제가 발전한 대도시에서는 당사자가 회사등기 주관부서의 사이트에서 온라인상으로 직접 신청하여 확인할 수도 있습니다.

그 밖에, 상호는 2개 이상의 한자로 구성되어야 하며 공서양속에 위배되거나 중국의 법률에 의해 금지되는 내용이 포함되어서는 아니되며, 중국어 병음(拼音) 또는 아라비아 숫자가 포함되어도 아니됩니다.

예컨대 联合国 (유엔), weilai (未来 병음표기) , 7080 등은 상호로 사용할 수 없습니다.

기업명칭등기 관리규정 제9조, 제10조 제1항
기업명칭등기 관리실시방법 제8조 제1항

Q36 현지법인은 영문명칭도 등기하여야 하는지?

A36 아닙니다.

과거에는 현지법인의 설립절차에 있어서 반드시 회사등기기관에 영문명칭도 등기해야 하였지만 해당 규정은 이미 폐지되었습니다.

다만, 현지법인이 설립된 후에는 실제 경영에 있어서 영문명칭을 필수로 합니다.

예컨대 현지법인이 국외로부터 출자금 또는 거래대금을 송금 받기 위해서는 중국 내의 은행에 외환계좌를 개설함에 있어서 반드시 영문 명칭을 등기하여야 합니다.

📖 **구체적인 법률근거** 기업명칭등기 관리실시방법 제8조 제2항

Ⅳ. 지배구조

Q37 | 현지법인은 어떤 기관으로 구성되는지?

A37 현지법인은 주주회(股东会) 또는 주주(1인 회사일 경우), 동사회(董事会) 또는 집행동사(执行董事), 감사회(监事会) 또는 감사 및 일상 경영관리기구(총경리, 부총경리, 재무책임자 등을 포함) 등 기관으로 구성됩니다.

주주회는 현지법인의 최고권력기구로서 동사 및 감사를 선임하며 총경리, 부총경리 및 재무책임자는 동사회 또는 집행동사에 의해 초빙됩니다.

현지법인의 동사, 동사회 및 총경리는 각각 한국회사의 이사, 이사회 및 지배인에 상당한 기관입니다.

약 40년 동안 시행된 합자경영기업법의 규정에 의하면 합자회사 형태의 현지법인에 있어서 그 최고권력기구는 동사회이지만 2020년 1월 1일부터 외국인투자법이 시행됨에 따라 신규로 설립되는 모든 현지법인의 최고권력기구는 주주회(또는 주주)로 변경되었습니다.

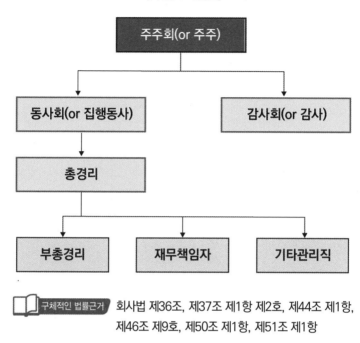

[지배구조 설명도]

구체적인 법률근거 │ 회사법 제36조, 제37조 제1항 제2호, 제44조 제1항,
제46조 제9호, 제50조 제1항, 제51조 제1항

Q38 │ 주주회는 어떤 권한을 행사하는지?

A38 중국법의 규정에 따르면 현지법인의 주주회는 투자자(주주) 전원으로 구성된 현지법인의 최고권력기구로서 다음과 같은 권한을 행사합니다.

① 현지법인의 경영방침과 투자계획을 결정함

② 종업원대표가 아닌 동사·감사를 선임·경질하고 동사·감사의 보수 관련 사항을 결정함

③ 동사회의 보고를 심의하고 허가함

④ 감사회 또는 감사의 보고를 심의하고 허가함

⑤ 현지법인 연도 재무예산방안 및 결산방안을 심의하고 허가함

⑥ 현지법인의 이익배당방안과 결손보전방안을 심의하고 허가함

⑦ 현지법인 등록자본금의 증가 또는 감소에 대해 의결함

⑧ 현지법인의 회사채 발행에 대해 의결함

⑨ 현지법인의 합병·분할·해산·청산 또는 회사형태의 변경에 대해 의결함

⑩ 현지법인 정관을 개정함

⑪ 정관에 규정된 기타 권한

실무상에서는 위 사항 이외에 각 주주가 현지법인에 대해 중요하다고 인정하는 다음과 같은 사항에 대해서도 주주회 의결사항으로 정관에 규정할 수 있습니다.

① 현지법인이 타인에게 담보를 제공하는 것을 심의하고 허가함

② 현지법인이 타인에게 지식재산권을 양도하거나 라이선스하는 것을 심의하고 허가함

③ 현지법인이 XXX만 위안 이상의 설비를 구매하는 것을 심의하고 허가함

④ 현지법인이 XXX만 위안 이상 융자하는 것을 심의하고 허가함

⑤ 현지법인의 연도 재무예산방안을 초과하는 지출을 심의하고 허가함

📖 구체적인 법률근거 회사법 제37조 제1항

Q39 주주회 의사결정 관련 약정에 있어서의 유의점은?

A39 현지법인의 등록자본금에서 차지하는 한국투자자의 출자비율이 중국투자자에 비해 훨씬 낮을 경우에는 가능한 중국투자자가 현지법인의 주주회에서 중요한 사항을 일방적으로 결정하지 못하도록 견제하여야 합니다.

예컨대 한국 A사와 중국 B사가 공동으로 투자하여 설립한 현지법인에 있어서 쌍방의 출자비율이 30% : 70%일 경우, 정관에 별도의 규정이 없고 각 주주가 법률상의 규정대로 출자비율에 따라 의결권을 행사하게

되면 B사는 주주회 권한범위에 속하는 모든 중대한 사항을 일방적인 판단에 의해 결정할 수 있습니다.

따라서 이러한 경우에는 반드시 현지법인의 정관에 주주회 의사결정에 관한 특별약정을 두어 B사의 독단전행을 방지하여야 합니다.

예컨대 주주회가 현지법인 정관의 개정, 등록자본금의 증가 또는 감소, 합병·분할·해산 또는 회사형태의 변경 및 A사가 중요하다고 보는 기타 구체적인 사항에 대해 결정을 내릴 경우에는 반드시 A사의 동의를 거쳐야 한다고 규정할 수 있습니다.

이와 반대로 현지법인의 등록자본금에서 차지하는 한국투자자의 출자 비율이 중국투자자에 비해 훨씬 많을 경우에는 가능한 중국법의 규정 대로 각 주주가 출자비율에 따라 의결권을 행사하는 것이 한국투자자에 대해 유리합니다.

다만, 실무상에서 한국투자자 또는 중국투자자가 출자비율에 비해 너무 과분한 의결권을 요구하는 경우도 있는 바, 적절한 선에서 서로 양보하지 않으면 합자회사는 설립될 수 없습니다.

| Q40 | 동사회는 어떻게 구성되는지? |

| A40 | 현지법인의 동사회는 3~13명의 동사에 의해 구성되며, 동사의 인수는 짝수일 수도 있고 홀수일 수도 있습니다. 비록 동사의 선임 또는 경질은 주주회가 행사하는 권한이지만 실무상에서는 출자비율에 기초하여 정관에 각 투자자가 추천할 수 있는 동사의 인수를 약정하는 것이 일반적입니다.

예컨대 현지법인의 등록자본금에서 차지하는 한국 A사와 중국 B사의 출자비율이 40% : 60%이라면 동사회는 5명의 동사로 구성하고 A사는 2명의 동사, B사는 3명의 동사에 대한 추천권을 가지는 것으로 정관에 약정합니다.

아울러 동사회는 1명의 동사장을 설치해야 하며, 수요에 따라 1명 또는 여러 명의 부동사장을 설치할 수도 있습니다.

동사장 및 부동사장의 선임방법은 정관의 규정에 따르지만, 실무상에서는 동사의 경우와 마찬가지로 그 추천권을 각 투자자의 출자비율에 기초하여 정관에 구체적으로 규정하는 것이 일반적입니다.

예컨대 위와 같은 사례에 있어서는 동사장 및 부동사장을 각각 1명씩 설치하여 대주주인 B사가 동사장의 추천권을 가지고 소주주인 A사가 부동사장의 추천권을 가지도록 약정합니다.

 **구체적인 법률근거** 회사법 제44조

Q41 동사의 임기는 어떻게 되는지?

A41 동사의 임기는 정관의 규정에 따르지만 매번 임기는 3년을 초과할 수 없습니다.

동사의 임기가 만료되었지만 계속하여 선임할 경우에는 재임(再任)할 수 있으며 재임 횟수에 대해서는 중국법상 제한이 없습니다.

아울러 동사장, 부동사장도 동사에 해당하기에 그 임기는 3년을 초과할 수 없으나 재임할 수 있으며 재임 횟수에 대해서도 제한이 없습니다.

동사의 임기가 만료되었으나 적시에 새로운 동사를 선임하지 못하였거나 동사가 임기 내에 사직함으로 인해 동사회 구성원 인수가 법률규정보다 적을 경우에는 신임 동사가 취임하기 전까지 전임 동사는 법률 및 정관의 규정에 따라 동사 직무를 계속 수행하여야 합니다.

구체적인 법률근거 회사법 제45조

Q42	동사회는 어떤 권한을 행사하는지?

A42	현지법인의 동사회는 주주회에 대해 책임지고 다음과 같은 권한을 행사합니다.

① 주주회회의를 소집하고 주주회에 업무를 보고함

② 주주회의 의결사항을 집행함

③ 현지법인의 경영계획과 투자방안을 결정함

④ 현지법인의 연도 재무예산방안과 결산방안을 입안함

⑤ 현지법인의 이윤배당방안과 결손보전방안을 입안함

⑥ 현지법인 등록자본금의 증가 또는 감소 및 회사채 발행방안을 입안함

⑦ 현지법인의 합병·분할·해산 또는 회사형태의 변경방안을 입안함

⑧ 현지법인의 내부관리기구의 설치를 결정함

⑨ 현지법인 총경리의 선임 또는 해임 및 그 보수 관련 사항을 결정하며, 총경리의 지명에 근거하여 현지법인 부총경리·재무책임자의 선임 또는 해임 및 그 보수 관련 사항을 결정함

⑩ 현지법인의 기본관리제도를 제정함

⑪ 정관에 규정된 기타 권한

실무상에서는 위 사항 이외에 각 투자자가 합의한 다음과 같은 사항에 대해서도 동사회 의결사항으로 정관에 규정할 수 있습니다.

① 현지법인이 XXX만 위안 이상 XXX만 위안 이하의 설비를 구매하는 것을 결정함

② 현지법인이 XXX만 위안 이상 XXX만 위안 이하의 범위 내에서 융자하는 것을 결정함

③ 현지법인의 지사 설립 및 폐쇄를 결정함

 구체적인 법률근거 **회사법 제46조**

A43 실무상에서 현지법인 동사의 추천권은 출자비율에 기초하여 정관에 각 투자자가 추천할 수 있는 동사의 인수를 정하기 때문에 중국투자자의 출자비율이 한국투자자에 비해 훨씬 높을 경우에는 중국투자자의 추천에 의해 선임된 동사의 인수도 한국투자자에 비해 압도적으로 많습니다.

예컨대 한국 A사와 중국 B사가 공동으로 투자해 설립한 현지법인에 있어서 쌍방의 출자비율이 20% : 80%이면 A사는 1명의 동사를 추천하고 B사는 4명의 동사를 추천하는 것이 공평하다고 볼 수 있습니다.

그런데 정관에 동사회 의사결정의 찬성비율에 관한 별도의 약정이 없으면 B사는 주주회의 경우와 마찬가지로 동사회 권한범위에 속하는 모든 중대한 사항을 일방적인 판단에 의해 결정할 수 있습니다.

따라서 이러한 상황에서도 현지법인의 정관에 동사회 의사결정에 관한 특별약정을 두어 B사의 독단전행을 방지할 필요가 있습니다.

예컨대 동사회가 현지법인의 경영계획과 투자방안을 결정하거나 기본 관리제도를 제정하거나 총경리의 선임 또는 해임 및 그 보수 사항을 결정하거나 A사가 중요하다고 보는 기타 구체적인 사항에 대해 결정을 내릴 경우에는 반드시 동사 전원의 동의를 거쳐야 한다고 규정할 수 있습니다.

이와 반대로 한국투자자가 추천권을 가지는 동사의 인수가 중국투자자에 비해 압도적으로 많을 경우에는 가능한 한국투자자가 추천한 동사들만 찬성하면 동사회가 의사결정을 내릴 수 있도록 정관에 상응한 규정을 두는 것이 최상의 선택입니다.

다만, 동사회 의사결정권의 배분에 있어서도 투자자 일방이 출자비율에 대칭되지 않는 과분한 욕심을 부리면 합자회사는 설립될 수 없다는 점 유의하시기 바랍니다.

| Q44 | 집행동사란 무엇인지?

| A44 | 중국법의 규정에 따르면 주주 인수가 비교적 적거나 규모가 비교적 작은 유한회사는 동사회를 설치하지 않고 그 대신 1명의 집행동사만 설치할 수 있습니다.

어떠한 경우가 주주 인수가 비교적 적거나 규모가 작은 상황에 해당하는지에 대해서는 중국법상 명확한 규정이 없으며, 통상적으로는 투자자 간에 합의하면 집행동사 방식을 선택할 수 있습니다.

아울러 집행동사의 권한은 정관의 규정에 따르도록 되어 있지만 실무상에서는 동사회의 권한을 참조하여 설정하는 경우가 대다수이며, 집행동사는 총경리를 겸임할 수 있습니다.

집행동사 제도의 취지는 회사 운영시스템을 간소화하고 경영효율을 제고하는 것이기 때문에 실무상에서 집행동사는 통상적으로 총경리를 겸임합니다.

📖 구체적인 법률근거 회사법 제50조

| Q45 | 동사장은 어떤 권한을 행사하는지?

| A45 | 현지법인의 동사장은 다음과 같은 권한을 행사합니다.

① 주주회회의를 주최함

② 동사회회의를 소집하고 주최함

③ 동사회 구성원들의 관계를 조정함

④ 동사회 의사결정의 집행상황을 검사함

📖 구체적인 법률근거 회사법 제40조 제1항, 제44조 제3항, 제47조

| A46 | 현지법인의 감사회는 3명 이상의 감사에 의해 구성되며, 감사의 인수는 짝수일 수도 있고 홀수일 수도 있습니다.

감사회에는 종업원대표 신분의 감사가 있어야 하며 그 비율은 3분의 1 이상이어야 합니다. 종업원대표 신분의 감사는 현지법인의 종업원 대회 또는 기타 민주적인 선거방식에 의해 선출됩니다.

아울러 주주 인수가 비교적 적거나 규모가 비교적 작은 유한회사는 감사회를 설치하지 않고 그 대신 1명 내지 2명의 감사만 설치할 수 있으며, 이러한 방식을 선택할 경우에는 종업원대표 신분의 감사가 포함되지 않아도 됩니다.

감사회를 설치하지 않고 1명 또는 2명의 감사만 설치하였을 경우에는 각 감사가 독자적으로 법률 및 정관에 규정된 감사권을 행사하게 됩니다.

어떠한 경우가 주주 인수가 비교적 적거나 규모가 작은 상황에 해당하는지에 대해서는 중국법상 명확한 규정이 없으며, 실무상에서는 투자자 간에 합의하면 1명 내지 2명의 감사만 설치하는 방식을 선택할 수 있습니다.

그 밖에, 감사의 선임 또는 경질도 주주회가 행사하는 권한이지만 실무상에서는 각 주주가 추천할 수 있는 감사의 인수를 정관에 규정하며, 일반적으로는 경영관리업무에서 주도권을 가지지 못하는 소주주에게 적어도 1명의 감사 추천권을 부여함으로써 주주 간의 권력균형을 도모합니다.

예컨대 현지법인의 등록자본금에서 차지하는 한국 A사와 중국 B사의 출자비율이 30% : 70%이고 B사가 동사회 및 일상 경영관리업무에서 주도권을 가질 경우, 쌍방 간의 권력균형을 유지하기 위해 감사는 1명만 설치하고 A사가 추천권을 가지도록 하는 것이 공평합니다.

 구체적인 법률근거 회사법 제51조 제1항, 제2항

Q47 감사의 임기는 어떻게 되는지?

A47 감사의 임기는 매번 3년간 보장되며 정관에 이보다 짧게 또는 길게 규정할 수 없습니다.

감사의 임기가 만료되었지만 계속하여 선임할 경우에는 재임(再任)할 수 있으며 재임 횟수에 대해서는 동사의 경우와 마찬가지로 중국법상 제한이 없습니다.

그 밖에, 감사의 임기가 만료되었으나 적시에 새로운 감사를 선임하지 못하였거나 감사가 임기 내에 사직함으로 인해 감사회 구성원 인수가 법률규정보다 적을 경우에는 신임 감사가 취임하기 전까지 전임 감사는 법률 및 정관의 규정에 따라 감사 직무를 계속 수행하여야 합니다.

📖 구체적인 법률근거 회사법 제52조

Q48 감사회는 어떤 권한을 행사하는지?

A48 현지법인의 감사회 및 감사회를 설치하지 않은 현지법인의 감사는 주주회에 대해 책임지며 다음과 같은 권한을 행사합니다.

① 현지법인의 재무사항을 검사함

② 동사 및 고급관리인원에 의한 현지법인의 직무수행에 대해 감독하며 법률·정관 또는 주주회 의결을 위반한 동사 및 고급관리인원에 대해 파면을 제안함

③ 동사 및 고급관리인원의 행위가 현지법인의 이익에 손해를 끼칠 경우에는 해당 동사 및 고급관리인원에게 시정을 요청함

④ 임시주주회회의의 개최를 제안하며 동사회가 회사법에 규정된 주주회회의 소집 및 주최에 관한 직책을 수행하지 않을 경우에는 직접 주주회회의를 소집하고 주최함

⑤ 주주회회의에 의안을 제출함

⑥ 회사법 제151조의 규정에 따라 동사 및 고급관리인원에 대한 손해배상 소송을 제기함

⑦ 정관에 규정된 기타 권한

감사는 동사회회의에 열석하여 동사회 의결사항에 대해 질의 또는 건의할 수 있습니다.

현지법인의 감사회 또는 감사회를 설치하지 않은 현지법인의 감사가 현지법인의 경영 상황에 이상이 있음을 발견하였을 경우에는 조사할 수 있으며, 필요할 때에는 회계사사무소 등 전문업체에 의뢰하여 그 업무를 협조하게 할 수 있고, 관련 비용은 현지법인이 부담합니다. 또한 감사회 또는 감사가 직권을 행사함에 있어서 필요한 기타 비용도 현지법인이 부담하게 됩니다.

다만, 실무상에서는 현지법인의 감사회 또는 감사가 동사 또는 총경리 등 고급관리인원들의 업무에 대한 감독 및 견제 작용을 제대로 발휘하지 못하고 유명무실한 경우가 많습니다.

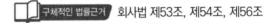 **구체적인 법률근거** 회사법 제53조, 제54조, 제56조

Q49 일상 경영관리기구는 어떻게 구성되는지?

A49 현지법인의 일상 경영관리기구는 일반적으로 총경리, 부총경리, 재무책임자 및 기타 관리인원들로 구성됩니다.

총경리는 동사회에 의해 초빙 또는 해임되고 동사회에 대해 책임지며, 부총경리 및 재무책임자의 초빙 및 해임을 동사회에 제청하며, 동사회에 의해 초빙 또는 해임되는 인원 이외의 기타 관리인원을 직접 초빙 또는 해임하게 됩니다.

아울러 현지법인은 경영상의 수요에 의해 여러 명의 부총경리를 설치할 수도 있습니다.

다만, 부총경리는 반드시 설치해야 하는 관리직이 아니기에 실무상에서 규모가 작은 현지법인일 경우에는 부총경리를 설치하지 않는 경우도 적지 않습니다.

 **구체적인 법률근거** 회사법 제49조 제1항

총경리란 무엇인지?

'총경리'(总经理)란 동사회의 지휘 하에서 현지법인의 일상 경영관리 업무를 전반적으로 책임지는 관리직입니다.

앞부분에서 설명 드린 바와 같이, 주주회는 현지법인의 중대한 경영사항을 결정하고, 동사회는 주주회의 결정을 집행함과 동시에 주주회 권한 이외의 중요한 경영사항에 대해 결정합니다.

즉 동사회도 현지법인의 경영관리업무를 수행하는 기구의 하나로 볼 수 있지만, 규모가 비교적 큰 회사일 경우에는 관리업무가 번잡하기에 경영전문가인 총경리를 초빙하여 동사회의 관리업무를 보좌할 필요가 있는 것입니다.

따라서 총경리나 부총경리는 현지법인에 반드시 설치해야 하는 직무는 아니며, 규모가 작은 현지법인의 경우에는 동사회 대신 집행동사를 설치하고 집행동사가 총경리를 겸임하는 간단한 관리구조를 선택하는 경우가 많습니다.

참고로 회사법에 규정된 용어는 '총경리'가 아니라 '경리'(经理)이지만, 실무상에는 '총경리'라고 호칭하며 '경리'는 회사 내부 특정부서의 관리업무를 책임진 중간 위치의 관리직에 대한 실무상의 호칭입니다.

Q51 총경리는 어떤 권한을 행사하는지?

A51 중국법의 규정에 의하면 총경리는 다음과 같은 권한을 행사합니다.

① 현지법인의 생산·경영 관리업무를 주최하고 동사회 의결사항의 실시를 안배함

② 현지법인의 연도 경영계획과 투자방안의 실시를 안배함

③ 현지법인 내부관리기구의 설치방안을 입안함

④ 현지법인의 기본관리제도를 입안함

⑤ 현지법인의 구체적인 규칙(规章)을 제정함

⑥ 현지법인 부총경리 및 재무책임자의 초빙 또는 해임을 제청함

⑦ 동사회가 초빙 또는 해임하는 관리인원 이외의 기타 관리인원을 초빙 또는 해임함

⑧ 동사회가 부여한 기타 권한

다만, 현지법인은 그 정관에 있어서 총경리의 권한을 위 규정과 다르게 설정할 수 있으며, 그러할 경우에는 정관의 규정에 따라야 합니다.

총경리와 현지법의 관계는 근로자와 사용자의 관계라고 볼 수 있습니다.

그 밖에, 총경리는 동사회회의에 열석할 수 있으나 발언권이나 의결권을 행사할 수는 없습니다.

📖 구체적인 법률근거 · 회사법 제49조

Q52 현지법인의 법인대표는 몇 명까지 가능한지?

A52 1명 밖에 설치할 수 없습니다.

한국회사에는 여러 명의 법인대표를 설치할 수 있는 것으로 알고 있지만, 현지법인의 법인대표는 1명으로 제한됩니다.

📖 구체적인 법률근거 · 회사법 제13조

Q53 현지법인의 법인대표는 어떻게 확정되는지?

A53 현지법인의 법인대표는 정관의 규정에 따라 동사장, 집행동사 또는 총경리 중의 1명이 담당하게 됩니다.

아울러 현지법인의 법인대표는 필수등기사항이며, 법인대표가 변경될 경우에는 반드시 회사등기기관에 변경등기 절차를 밟아야 합니다.

📖 구체적인 법률근거 · 회사법 제13조

Q54 | 법인대표는 어떤 권한을 행사하는지?

A54 중국법의 규정에 의하면 법인대표는 법률 또는 정관의 규정에 따라 현지법인을 대표하여 민사활동에 종사하는 책임자를 말하며, 법인대표가 현지법인의 명의로 종사한 민사활동의 법적 책임은 현지법인이 부담하게 됩니다.

현지법인의 법인대표는 구체적으로 다음과 같은 권한을 행사합니다.

① 대외적으로 현지법인을 대표하며 위임장, 공개성명 등 법률문서에 서명함

② 현지법인을 대표하여 대외적으로 각 종 계약을 체결함

③ 현지법인이 회사채 또는 주식을 발행 경우에는 법인대표가 서명함

④ 법률 또는 정관에 규정된 기타 권한

📖 구체적인 법률근거 민법전 제61조 제1항, 제2항

Q55 | 고급관리인원이란 무엇인지?

A55 '고급관리인원'이란 현지법인의 총경리, 부총경리, 재무책임자 및 정관에 고급관리인원으로 규정된 기타 관리직을 말합니다.

상장회사의 경우에는 동사회비서(董事会秘书)도 고급관리인원에 해당합니다.

참고로 '동사회비서'란 상장회사의 주주총회 및 동사회회의 준비, 서류 보관, 주주 서류의 관리, 정보공개 등 사무를 처리하는 관리직을 말합니다.

📖 구체적인 법률근거 회사법 제123조, 제216조 제1호

A56 중국법의 규정에 의하면 다음과 같은 사항의 하나에 해당하는 자는 현지법인의 동사·감사 및 고급관리인원을 담당할 수 없습니다.

① 민사상 무행위능력자 또는 한정행위능력자

② 탐오·수뢰·횡령·재산유용 또는 사회주의 시장경제질서를 파괴함으로 인해 형벌을 받고 만기 후 5년이 경과하지 않은 자 또는 범죄로 인해 정치권리16)를 박탈당하고 만기 후 5년이 경과하지 않은 자

③ 파산하여 청산된 회사·기업의 동사 또는 공장장17)·총경리를 담당하였고 해당 회사·기업의 파산에 대해 개인적 책임이 있는 자로서 해당 회사·기업의 파산청산절차 완료일로부터 3년이 경과하지 않은 경우

④ 법률위반으로 인해 사업자등록증을 취소당했거나 폐업을 명 받은 회사·기업의 법인대표이며 또한 이에 대해 개인적 책임이 있는 자로서 해당 회사·기업이 사업자등록증을 취소당한 날로부터 3년이 경과하지 않은 경우

⑤ 개인적으로 부담하고 있는 비교적 큰 액수의 만기 채무를 변제하지 못한 경우

현지법인이 위 규정을 위반하고 동사·감사를 선임·위임하거나 또는 고급관리인원을 초빙하였을 경우, 해당 선임·위임 또는 초빙은 모두 무효입니다.

아울러 동사·감사 또는 고급관리인원이 재직기간 중에 상술한 상황이 발생하였을 경우, 현지법인은 해당 인원의 직위를 해제하여야 합니다.

📖 **구체적인 법률근거** 회사법 제146조

---

16) '정치권리'란 중국적 자연인이 법에 따라 향유하는 선거권, 피선거권, 국가기관의 직무를 담당할 수 있는 권리, 언론·출판·집회·결사·시위 자유의 권리, 국유회사, 기업, 사업단체 및 인민단체의 영도자 직무를 담당할 수 있는 권리를 말합니다. 따라서 정치권리 박탈은 외국인에게는 적용되지 않는 형벌입니다.

17) 중국의 일부 국유기업은 회사법의 적용을 받지 않으며 공장장(厂长)이 법인대표를 담당합니다.

Ⅴ. 합자계약서 및 정관

Q57 합자계약서는 합자회사 설립절차에 있어서 필수 서류인지?

A57 법률상에서는 필수서류가 아닙니다.

과거에는 합자경영기업법 및 그 실시조례의 규정에 의해 합자계약서는 합자회사 설립절차에 있어서 반드시 주관부서에 제출해야 하는 서류였지만 2020년 1월 1일부터 외국인투자법이 시행됨에 따라 위 법률은 이미 폐지되었고 합자계약서도 제출할 필요가 없게 되었습니다.

다만, 실무상에서 투자자 쌍방이 합자회사의 설립·운영·변경·해산·청산 등 절차에서 상호 간의 권리·의무 관계를 명확히 하고 분쟁발생 시의 해결방법을 미리 준비하여 두기 위해서는 합자계약서가 필수적인 서류라고 볼 수 있습니다.

Q58 합자계약서에는 어떤 내용이 포함되는지?

A58 현행 중국법에는 합자계약서의 내용에 대한 구체적인 규정이 없기에 합자당사자(투자자)가 필요하다고 인정하는 사항에 대한 협상을 거쳐 최종적으로 합의 본 내용을 계약 조항으로 작성하면 됩니다.

참고로 실무상에서 어느 정도 상세하게 작성한 합자계약서일 경우에는 통상적으로 다음과 같은 내용들이 포함됩니다.

① 각 합자당사자의 명칭·소재국·주소 및 법인대표의 성명·직무·국적

② 합자회사의 명칭·주소·사업취지 및 경영범위18)

③ 합자회사의 등록자본금

④ 각 합자당사자가 납입하기로 약속한 출자금·출자방식 및 출자금의 납입기한

⑤ 지분비율 및 지분양도

---

18) 한국회사의 사업내용에 해당하는 것입니다. 중문으로는 '经营范围'로 표기되며 한글로 직역하면 '경영범위'입니다.

⑥ 합자회사의 설립 및 운영에 대한 각 합자당사자의 협력사항

⑦ 각 합자당사의 경업금지

⑧ 주주회의 권한 및 주주회회의 소집·주최·의결

⑨ 동사회의 구성 및 권한, 동사장·동사의 추천권 귀속, 동사회회의 소집·주최·의결(또는 집행동사의 권한, 집행동사의 추천권 귀속)

⑩ 감사회 또는 감사의 권한 및 감사의 추천권 귀속

⑪ 총경리의 권한 및 그 추천권 귀속

⑫ 부총경리·재무책임자 등 관리인원의 권한 및 그 추천권 귀속

⑬ 법인대표

⑭ 노동관리

⑮ 이윤배당 비율 및 방식

⑯ 세무·재무 및 회계감사

⑰ 보험 관련 사항

⑱ 경영기한19)

⑲ 해산(합자계약서 해지) 및 청산

⑳ 비밀유지

㉑ 위약책임

㉒ 불가항력

㉓ 준거법 및 분쟁해결방식

㉔ 통지방식

㉕ 계약서 작성에 사용되는 문자의 종류

㉖ 계약서 발효일

㉗ 계약서 정본의 부수

㉘ 서명·날인

---

19) 합자회사가 존속하는 기간을 말합니다.

위 내용 중의 많은 부분은 합자회사 정관의 내용과 중복되는 것이기에 심플한 합자계약서의 작성을 원할 경우에는 정관과 중복되는 부분 (예컨대 주주회·동사회·총경리 등 합자회사 내부기구의 설치·구성· 운영에 관한 사항)은 삭제하고 관련 사항은 정관의 규정에 따르도록 한다는 약정을 두면 됩니다.

| Q59 | 합자계약서는 언제부터 법적 효력이 발생하는지? |

A59 체결일로부터 법적 효력이 발생합니다.

다만, 합자계약서의 효력발생에 대해 합자당사자 간에 별도의 부가조 건을 약정하였을 경우에는 해당 부가조건이 충족되는 날로부터 법적 효력을 발생하게 됩니다.

참고로 과거에는 합자계약서를 체결한 후 주관부서에 제출하여 심사· 허가를 받아야 했고, 합자계약서는 위 심사·허가를 받은 날로부터 법적 효력을 발생하였으나 2020년 1월 1일부터 외국인투자법이 시행됨에 따라 이러한 심사·허가 절차는 지극히 특별한 업종을 제외하고 폐지된 상황입니다.

| Q60 | 합자계약서의 준거법은 한국법으로 정할 수 있는지? |

A60 불가능합니다.

중국법의 관련 규정에 따르면 중국 경내에서 이행하는 합자계약은 반드시 중국법을 준거법으로 하여야 합니다.

따라서 합자당사자가 합의하였다 하더라도 그 준거법을 한국법으로 지정하는 것은 무효입니다.

📖 **구체적인 법률근거** 민법전 제467조 제2항

| Q61 | 합자계약서 관련 분쟁의 관할법원을 한국법원으로 합의할 수 있는지? |

| A61 | 불가능합니다. |

실무상에서 한국기업이 중국기업과 체결한 합자계약서에 관련 분쟁의 관할법원을 한국법원으로 약정하는 경우도 자주 있습니다.

다만, 중국법의 규정에 의하면 중국투자자와 외국인투자자 간에 체결된 합자계약을 중국 내에서 이행하는 과정에 발생한 분쟁에 대해 소송을 제기할 경우에는 중국법원이 전속관할권을 가지게 됩니다.

따라서 합자계약서 관련 분쟁의 관할법원을 한국법원으로 합의하는 것은 중국법상 무효입니다.

 구체적인 법률근거 ▶ 민사소송법 제266조

| Q62 | 합자계약 관련 분쟁의 해결방법을 중재로 약정할 수 있는지? |

| A62 | 가능합니다. |

중재합의는 합자계약서에 미리 약정하여 둘 수도 있고 관련 분쟁이 발생한 후 합자당사자가 별도로 협상하여 약정할 수도 있습니다.

아울러 중재기구는 해외의 중재기구를 선택할 수도 있고 중국 내의 중재기구를 선택할 수도 있습니다. 참고로 중국 내에는 약 200개의 중재기구가 설립되어 있으나 그 업무수준에는 현저한 차이가 있어 모두가 합자계약 관련 분쟁을 다룰 수 있는 상황은 아닌 것 같습니다.

실무상에서 한국기업과 중국기업 간에 체결하는 합자계약서에 자주 약정되는 중재기구는 다음과 같습니다.

1. 해외의 중재기구

① 싱가폴국제중재센터(Singapore International Arbitration Centre; SIAC)

② 홍콩국제중재센터(Hong Kong International Arbitration Center; HKIAC)

③ 대한상사중재원(Korean Commercial Arbitration Board; KCAB)

2. 중국 내의 중재기구

① 중국국제경제무역중재위원회(China International Economic and Trade Arbitration Commission; CIETAC)

② 상하이국제중재센터(Shanghai International Arbitration Center; SHIAC)

그 밖에, 합자당사자가 합자계약 관련 분쟁의 해결방법을 중재로 합의하였을 경우에는 해당 중재합의에 무효사유가 존재하지 않는 한 중국법원에 해당 분쟁에 대한 소송을 제기할 수 없습니다.

구체적인 법률근거 / 민사소송법 제271조

Q63 합자계약서는 어떤 문자로 작성할 수 있는지?

A63 중국법에는 합자계약서에 사용되는 문자에 대한 특별한 규정이 없기에 당사자 간에 합의한 문자로 합자계약서를 작성할 수 있습니다.

다만, 실무상에서 한국기업과 중국기업 간에 체결되는 합자계약서는 일반적으로 중문과 한글로 작성됩니다. 중문계약과 한글계약의 내용이 서로 다를 경우에 어느 문자를 기준으로 하는지에 대해서는 해당 합자프로젝트에서 한국기업이 우세일 경우에는 한글을 기준으로 하고 이와 반대일 경우에는 중문을 기준으로 하는 것이 일반적입니다.

한국기업과 중국기업에 대해 모두 공평한 방식은 영문계약서만 작성하거나 또는 중문·한글·영문 등 3가지 종류의 계약서를 작성하고 영문계약서를 기준으로 할 수도 있습니다.

상기 계약서 작성방식은 상대적으로 변호사비용이 많이 발생하지만 실무상에서 투자규모가 크거나 중요한 합자계약서의 작성에 있어서는 자주 채택하는 방식입니다.

Q64 | 합자계약서는 중국정부에 제출해야 하는지?

A64 제출할 필요가 없습니다.

과거에 합자계약서는 합자회사의 심사·허가 및 등기 절차에 있어서 반드시 중국정부 주관부서에 제출해야 하는 서류였지만 2020년 1월 1일부터 외국인투자법이 시행됨에 따라 지극히 특별한 업종을 제외하고 더 이상 제출할 필요가 없게 되었습니다.

다만, 실무상에서 합자계약서는 투자자 간의 권리·의무 관계를 명확히 하고 분쟁발생에 미리 대비하기 위한 중요한 서류이기에 체결한 후 잘 보관하여야 합니다.

Q65 | 정관은 현지법인 설립절차에 있어서 필수서류인지?

A65 그렇습니다.

현지법인의 설립절차에 있어서 각 투자자는 공동으로 정관을 작성하고 기타 신청서류와 함께 회사등기기관에 제출하여야 합니다.

정관은 현지법인의 운영에 있어서 가장 중요한 서류이기에 실무상에서는 여러 부의 원본을 작성하여 회사등기기관에 1부 제출하고 투자자 및 현지법인이 각각 1부씩 보관하게 됩니다.

투자자가 정관을 분실하였을 경우에는 회사등기기관에 정관 사본의 발급을 신청할 수 있지만, 지역에 따라 현지법인의 사업자등록증 원본 제시 및 기타 번잡한 절차가 필요하기에 가능한 정관 원본은 잘 보관해 두시기 바랍니다.

실무상에서 한국기업이 현지법인 관련 분쟁으로 인해 긴급히 법률상담을 요청하였지만 정관조차 제공하지 못하는 어처구니없는 사례가 자주 있습니다.

📖 **구체적인 법률근거** 회사법 제23조 제3호

Q66 정관에는 어떤 내용이 포함되는지?

A66 중국법의 규정에 의하면 정관에는 다음과 같은 사항이 포함됩니다.

① 현지법인의 명칭 및 주소

② 현지법인의 경영범위

③ 현지법인의 등록자본금

④ 주주의 성명 또는 명칭

⑤ 주주의 출자방식·출자금 및 출자기한

⑥ 현지법인의 내부기구 및 그 설치방법·권한·의사(議事)규칙

⑦ 현지법인의 법인대표

⑧ 주주회가 필요하다고 인정하는 기타 사항

위 사항 중 ①~⑦은 정관의 필수 기재사항이며, 현지법인의 모든 주주(투자자)는 정관에 서명·날인하여야 합니다.

정관 작성에 있어서는 위 사항 외에 합자계약서의 내용(Q58답변)을 참조하여 현지법인의 경영관리에 필요한 기타 사항을 적절히 추가할 수도 있습니다.

 회사법 제25조

Q67 정관은 언제부터 법적 효력이 발생하는지?

A67 중국법에는 명확한 규정이 없습니다.

다만, 중국 최고법원의 판례에 의하면 현지법인의 정관이 법적 효력을 발생하는 시점은 다음과 같은 두 가지 경우로 나뉩니다.

① 현지법인 설립시의 정관

현지법인 설립 시에 최초로 작성하여 회사등기기관에 제출하는 정관은 회사등기기관에 등기된 날, 즉 현지법인이 설립된 날로부터 법적 효력을 발생하게 됩니다.

② 현지법인 설립 후에 개정된 정관

현지법인 설립 후에 정관을 개정할 경우, 개정 후의 정관은 각 주주가 법률 및 정관의 규정에 따라 주주회 의결 등 절차를 이행하였음을 전제 조건으로 주주 간에 합의한 날로부터 법적 효력을 발생합니다.

즉, 각 주주 간에 별도의 약정이 없는 한 정관의 개정은 현지법인의 주주회가 관련 법률 및 원 정관의 규정에 따라 개정사항을 의결한 날로부터 효력을 발생하며, 회사등기기관에서의 변경등기를 발효의 요건으로 하지 않습니다.

Q68 정관은 어떤 문자로 작성할 수 있는지?

A68 정관은 회사등기기관에 제출해야 하는 서류이기 때문에 반드시 중문으로 작성하여야 합니다.

실무상에서 현지법인의 정관을 중문 이외에 한글이나 영문으로 작성하는 경우도 있지만 회사등기기관은 중문 버전의 정관밖에 접수하지 않습니다.

아울러 회사등기기관에는 중문 버전의 정관만 등기하기에 투자자 간에 한글 또는 영문 버전의 정관을 기준으로 한다고 합의하여도 이러한 합의는 무효입니다.

다만, Q67에 대한 답변내용과 같이 현지법인이 설립된 후의 정관 개정은 회사등기기관에서의 변경등기를 발효요건으로 하지 않기에 이러한 경우에 외국어로만 작성한 정관의 효력 및 외국어와 중문 버전의 내용에 불일치한 점이 있을 경우 외국어 버전을 기준으로 한다는 약정의 유효성은 불명확한 상황입니다.

따라서 정관 개정에 있어서도 중문으로 관련 서류를 작성하는 것이 적절합니다.

VI. 설립등기

Q69 | 현지법인의 설립등기에 있어서 필요한 서류는?

A69 현지법인의 설립등기 절차에서는 회사등기기관에 다음과 같은 서류를 제출하여야 합니다.

순번	서류명칭	비고
1	현지법인 설립등기 업무에 관한 위임장	각 투자자가 공동으로 위임함 회사등기기관별로 규정된 서식이 있음
2	현지법인 임시명칭 등기 허가 통지서	현지법인 임시명칭 등기 절차를 별도로 진행하지 않고 기타 설립등기 업무와 병행하는 지역도 있음
3	현지법인 설립등기 신청서	현지법인의 법인대표 예정자가 서명함 회사등기기관별로 규정된 서식이 있음
4	현지법인 정관	각 투자자가 공동으로 작성함
5	사업자등록증 사본	각 투자자가 제공함 투자자가 중국인일 경우에는 신분증 사본을 제공함 투자자가 외국인일 경우에는 여권 사본을 제공함
6	현지법인 동사·감사·총경리의 성명 및 주소를 기재한 서류	회사등기기관별로 규정된 서식이 있음
7	현지법인 동사·감사·총경리의 위임, 선거 또는 초빙에 관한 증명서류	회사등기기관별로 규정된 서식이 있음
8	현지법인 법인대표의 위임에 관한 서류	회사등기기관별로 규정된 서식이 있음
9	현지법인 주소지에 관한 증명서류	사무실 임대계약서, 부동산 권리증서 사본 등
10	회사등기기관에서 요청하는 기타 서류	회사등기기관별로 추가 요청서류가 다를 수 있음

아울러 한국기업이 상하이 지역에서 현지법인을 설립할 경우, 한국기업이 제공해야 하는 정보 및 한국에서 자체적으로 준비해야 하는 서류는 다음과 같습니다.

순번	정보/서류	비고
1	한국기업의 사업자등록증 사본	한국에서의 공증·인증 절차가 필요함
2	한국기업 법인대표의 여권 컬러 사본	한국에서의 공증·인증 절차가 필요함
3	한국기업의 예금잔액증명서	회사등기기관 담당공무원의 자체적인 판단에 의해 제출을 요구하는 경우도 있음
4	현지법인 법인대표 예정자의 여권 컬러 사본	한국인이 예정자인 경우에 한함 한국에서의 공증·인증 절차가 필요함
5	현지법인 동사·감사·총경리의 여권 컬러 사본	한국인이 예정자인 경우에 한함
6	한국기업 법인대표의 전화번호 및 이메일 주소	한국 전화번호도 가능함
7	현지법인 법인대표 예정자의 중국 휴대폰 번호 및 이메일 주소	현지법인 법인대표 예정자의 명의로 개통한 중국 휴대폰이어야 함
8	현지법인 감사의 전화번호 및 이메일 주소	한국 전화번호도 가능함
9	현지법인 세무 담당자의 중국 휴대폰 번호, 이메일 주소 및 실거주지 주소	실무상에서는 기장 대리업체의 직원을 세무 담당자로 지정할 수 있음
10	현지법인 재무 담당자의 중국 휴대폰 번호, 이메일 주소 및 실거주지 주소	실무상에서 기장 대리업체의 직원을 재무 담당자로 지정할 수 있음
11	현지법인의 법인대표가 본인의 여권을 두손으로 들고 찍은 상반신 증명사진	현지법인의 인감을 작성할 때 관련부서에 제출할 필요가 있음 구체적인 법률 근거는 없지만 상하이 지역에서 특별히 요청하는 서류임
12	현지법인의 상호	동일하거나 유사한 상호가 이미 존재하는 경우에 대비해 3개 이상의 상호를 제공할 필요가 있음

참고로 현지법인 설립등기에 필요한 서류는 지역별로 다를 뿐만 아니라 자주 변경되기에 반드시 현지의 대리업체를 통해 미리 체크하여 둘 필요가 있습니다.

그 밖에, 외국인투자자가 주관부서의 허가를 취득해야 하는 특별업종에 투자할 경우에는 상기 현지법인 설립등기 절차를 진행하기 전에 먼저 주관부서의 허가를 취득해야 합니다.

📖 구체적인 법률근거 회사등기 관리조례 제20조 제2항, 제3항

Q70 | 현지법인의 설립절차는 어떻게 되는지?

A70 현지법인의 설립절차는 지역에 따라 다소 다를 수 있습니다.
참고로 베이징시에서 현지법인을 설립할 경우, 그 절차의 개요는 다음과
같습니다.

순번	절차	주관부서	소요기간
1	기업명칭 임시등기	관할 시장감독관리국	3~5근무일
2	등기주소 확보	사무실 임대계약을 체결하여야 함	
3	설립등기	관할 시장감독관리국	1근무일
4	인감 제작	공안국에서 지정한 인감제작업체	1근무일
5	계좌개설	거래은행	1근무일(예약 필요함)
6	세관등기	베이징 세관	1근무일
7	외국인투자 신고	관할 상무국	1근무일

실무상에서 현지법인의 설립절차에 소요되는 기간은 위 도표에 기재한
소요기간보다 다소 많이 걸릴 수도 있습니다.

Q71 | 현지법인의 등기사항은 어떤 것인지?

A71 중국법의 규정에 따르면 현지법인의 등기사항은 다음과 같습니다.

① 명칭

② 주소

③ 법인대표 성명

④ 등록자본금

⑤ 회사유형

⑥ 경영범위

⑦ 경영기한

⑧ 주주의 성명 또는 명칭

현지법인의 등기사항에 변화가 발생하였을 경우에는 관련 법률규정에 따라 회사등기기관에 변경등기 절차를 진행하여야 합니다.

그렇지 않을 경우, 회사등기기관은 기한부 등기를 명령하며 기한이 경과하여도 등기를 하지 않은 경우에는 1만 위안 이상 10만 위안 이하의 과태료를 부과합니다.

📖 **구체적인 법률근거** 회사법 제211조 제2항
회사등기 관리조례 제9조 및 제26조 내지 제40조,
제68조 제1항

Q72 현지법인의 경영기한은 어떻게 설정하는지?

A72 중국법에는 현지법인의 경영기한에 대한 명확한 규정이 없습니다.

다만, 경영기한은 필수등기사항이기에 투자자는 현지법인의 설립절차에 있어서 정관에 경영기한을 기재하고 회사등기기관의 허가를 받아야 합니다.

실무상에서 현지법인의 경영기한은 50년 이내로 제한되지만, 투자자는 경영기한이 만료되기 전에 회사등기기관에 기한연장을 신청할 수 있습니다.

Q73	현지법인의 사업자등록증은 어떤 것인지?

A73	현재 중국에서 사용되고 있는 현지법인의 사업자등록증[20] 최신 샘플은 다음과 같습니다.

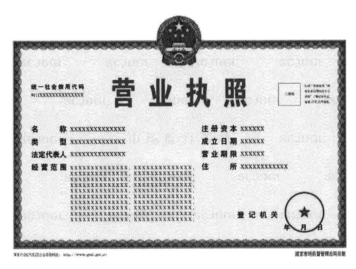

[한글 번역본]

사업자등록증

통일사회신용코드: [QR코드]
XXXXXXXXXXXXX

명   칭: XXXXXXXXXXXXX   등록자본금: XXXXXXX
유   형: XXXXXXXXXXXXX   설립일자: XXXXXXX
법인대표: XXXXXXXXXXXXX   경영기한: XXXXXXX
경영범위: XXXXXXXXXXXX   주   소: XXXXXXXXXXXXX
         XXXXXXXXXXXX

                                        등기기관 (인)
                                        XX년XX월XX일

---

20) 중문으로는 '营业执照'이며 한글로 직역하면 '영업집조'입니다.

제2절 지분인수에 의한 설립

Q74	지분인수에 의한 현지법인의 설립절차는?

A74 　실무상에서 한국투자자가 중국 내자기업21)(이하 '목적회사'라 함)의 지분을 인수하는 방식에 의해 현지법인을 설립하는 경우도 적지 않습니다.

이러한 방식에 의한 현지법인 설립은 일정 기간 동안 운영해 온 목적회사에 자본 참여하는 방식에 의한 것이므로 신속히 중국에서의 사업거점을 확보할 수 있다는 것이 가장 큰 장점이라 할 수 있습니다.

목적회사의 지분을 인수하여 현지법인을 설립할 경우, 한국투자자가 중국 내에서 진행하게 되는 주요 절차는 다음과 같습니다.

1. 준비작업

한국투자자와 목적회사 및 중국주주 간에 지분양수도 업무에 관하여 담당자(또는 대리업체) 지정, 정보제공, 비밀유지 등 사항에 대한 포괄적인 계약서를 체결합니다.

2. 목적회사에 대한 실사

실사에는 법률실사·회계실사·지식재산권실사 등 여러 가지 종류가 있으며, 실사의 목적은 목적회사에 법률·회계·지식재산권 등 분야에 숨겨진 리스크 또는 잠재적인 리스크가 있는지 여부를 점검하는 작업입니다.

참고로 지분양수도 대금이 적거나 한국투자자가 목적회사의 경영상황에 대해 상세히 파악하고 있을 경우에는 위 실사를 진행하지 않는 경우도 있습니다.

3. 지분양수도 조건 및 대금에 대한 협상

한국투자자가 실사결과를 검토한 후 목적회사의 지분인수를 계속 추진할 의향이 있을 경우에는 중국주주와 지분양수도 대금 및 기타 조건에 대한 협상을 진행합니다.

---

21) 중국계 자본에 의해 설립된 기업을 말합니다.

4. 지분양수도 계약서 체결

한국투자자와 중국주주 간에 목적회사의 지분양수도 대금 및 기타 조건에 대해 합의하였을 경우에는 지분양수도 계약서를 체결합니다.

5. 지분양수도 계약서의 이행

한국투자자가 지분양수도 계약서의 약정에 따라 중국주주에게 지분양수도 대금을 지급하고 중국주주 및 목적회사의 협조 하에 회사등기기관에 주주 변경등기절차를 진행합니다.

비록 위 절차는 중국법의 강제규정에 의한 것은 아니지만 지분양수도 업무에 있어서 한국투자자의 리스크를 경감하고 당사자 간의 권리·의무를 명확히 하기 위한 필수적인 절차라고 보시면 됩니다.

Q75 지분인수 관련 법률실사에 있어서 목적회사에 어떤 서류를 요청하는지?

A75 이러한 법률실사에 있어서 한국투자자가 선임한 중국변호사가 목적회사에 요청하는 서류 및 정보는 통상적으로 다음과 같습니다.

① 설립 관련 서류

② 기본상황 소개

③ 내부구조 및 규장제도에 관한 서류

④ 대외투자 관련 서류

⑤ 최근 3년 재무제표

⑥ 재산권 관련 서류

⑦ 지식재산권 관련 서류

⑧ 융자 관련 서류

⑨ 중대한 계약서

⑩ 종업원 관련 서류 및 정보

⑪ 세무 관련 서류 및 정보

⑫ 환경보호 관련 서류 및 정보

⑬ 보험 관련 서류

⑭ 소송·중재 관련 서류 및 정보

⑮ 행정처벌 및 형사처벌 관련 서류 및 정보

⑯ 기타 필요한 서류 및 정보

참고로 위 서류 및 정보는 목적회사가 중국법의 강제규정에 의해 제출 의무를 부담하는 것이 아니기에 성공적인 법률실사는 목적회사의 적극적인 협조를 필수로 합니다.

법률실사 단계에서 이것저것 감추거나 서류 제공을 거부하는 목적회사는 그 만큼 심각한 문제가 많이 존재하는 기업일 가능성이 높기에 한국투자자의 입장에서는 중국변호사로부터 최종 실사보고서를 받아보기 전에 이미 목적회사에 대해 어느 정도의 부정적인 이미지가 형성되어 있을 것입니다.

다만, 실무상에서 한국회사가 중국기업을 인수함에 있어서 경영진이 이미 인수 결정을 내렸고 법률실사는 형식적인 절차에 불과한 경우도 있는데, 이러한 업무절차는 본말(本末)이 전도(顚倒)된 것이라고 보아야 합니다.

Q76 지분양수도 대금은 어떻게 확정하는지?

A76 2006년 9월 8일부터 시행된 「외국인투자자에 의한 경내기업의 인수합병에 관한 규정」(2009년 6월 22일 개정, 이하 '인수합병규칙'이라함) 제14조 제1항의 규정에 따르면 외국인투자자가 목적회사의 지분이나 자산을 인수할 경우에는 중국 내에 설립한 자산평가기구에 의뢰하여 해당 지분이나 자산에 대해 평가를 진행하고, 그 평가결과에 의해 양수도 가격을 확정하여야 하며, 평가결과보다 현저하게 낮은 가격으로 지분을 양도하거나 자산매각방식에 의해 변칙적으로 해외에 자산을 이전하는 행위는 금지됩니다.

즉, 인수합병규칙에 의하면 외국인투자자가 목적회사의 지분을 인수함에 있어서 그 양수도 대금은 당사자 간에 협상하여 자유롭게 결정하는 것이 아니라 반드시 중국 내의 자산평가기구에 의뢰하여 평가를 진행하고, 그 평가결과를 바탕으로 결정해야 한다는 것입니다.

아울러 인수합병규칙에 따르면 외국인투자자가 목적회사의 지분을 인수하는 방식에 의해 현지법인을 설립할 경우에는 먼저 상무주관부서의 심사허가를 받아야 하며 해당 지분에 대한 자산평가보고서는 위 심사허가 절차에 있어서 제출해야 하는 필수 서류의 하나입니다.

비록 위 규정의 취지는 중국 내의 자산을 변칙적으로 해외에 이전하는 것을 방지하기 위한 대의명분에 의한 것이라고 하지만 시행 당초부터 기업의 경영자유를 심각하게 침해한다는 비판을 많이 받았습니다.

인수합병규칙은 아직 정식으로 폐지된 것은 아니지만 당해 규칙이 마지막으로 수정된 2009년 이후 중국의 외국자본 유치 및 현지법인 관련 법률과 정책에는 큰 변화가 발생하였으며 인수합병규칙 중의 대부분 규정은 이미 현행 중국법에 위배되는 것입니다.

특히 2016년 10월부터 중국정부는 「외국인투자기업 설립 및 변경 신고 관리 임시방법」을 실시하여 네거티브리스트 이외의 업종에 종사하는 현지법인의 설립 및 변경에 대해서는 종래의 상무주관주관부서에 의한 심사허가제도를 폐지하고 직접 회사등기기관에 등기하는 제도개혁을 실시하여 상무주관부서에는 해당 사항을 사후 신고하는 방식으로 변경하였습니다. 즉 현지법인의 설립 및 변경 절차에 있어서 상무주관부서가 30여 년간 누려왔던 막강한 심사권은 이미 취소되었고 관련 절차는 대폭적으로 간소화된 것입니다.

아울러 일부 회사등기기관(예컨대 베이징시 시장감독관리국)의 공식 사이트에 게재된 내자기업의 지분양도 방식에 의한 현지법인의 설립 등기 절차에 있어서 제출해야 하는 서류 리스트에도 해당 지분에 대한 평가보고서가 필수 서류로 나열되어 있지 않습니다.

따라서 비록 인수합병규칙 제14조의 규정은 형식상에서 아직도 살아 있는 규정이지만 실무상에서는 이미 폐지된 것과 다름없으며 외국인투자자가 목적회사의 지분을 인수하는 방식에 의해 현지법인을 설립함에 있어서도 상무주관부서에 해당 지분에 대한 평가보고서를 제출할 필요가 없습니다.

| Q77 | 지분인수에 의한 현지법인의 설립에서 발생하는 세금 이슈는? |

| A77 | 한국투자자가 목적회사의 지분을 인수하는 방식에 의해 현지법인을 설립할 경우에 발생하는 세금은 주요하게 인지세(印花稅)·개인소득세·기업소득세 등이며 구체적인 납세의무자 및 세액은 다음과 같습니다. |

종류	납세의무자	세액	비고
인지세	양수인/양도인	양수도대금×0.05%	양수도 쌍방이 각각 납부해야 함
개인소득세	양도인	(양도대금-취득가액-양도비용)×20%	양도인이 중국적 자연인일 경우
기업소득세	양도인	양도수익을 회계 장부에 편입한 후 연말 정산을 거쳐 이윤이 있으면 25% 기준에 따라 기업소득세를 납부함	양도인이 중국기업일 경우

실무상에서 중국주주가 세금을 적게 납부하기 위해 한국투자자와 2중 지분양수도 계약서를 체결하고 양수도 대금이 적은 계약서를 세무당국에 제출하는 경우도 있습니다. 다만, 한국투자자가 이러한 행위에 협조하는 것은 중국법상 탈세 공범자로 엮일 리스크가 있다는 점 유의하시기 바랍니다.

| Q78 | 지분인수에 의한 현지법인 설립의 법률 리스크는? |

| A78 | 실무상에서 목적회사에 대해 아무리 상세한 법률실사를 진행한다 해도 목적회사에 존재하는 법률 리스크를 전부 발견할 수는 없습니다. |

상기 법률 리스크는 목적회사 및 중국주주(이하 '중국측'이라 함)가 의도적으로 문제되는 사항을 숨겼는지 여부에 따라 다음과 같이 분류할 수 있습니다.

1. 중국측이 의도적으로 문제를 숨김으로 인한 법률 리스크

예컨대 목적회사가 제3자로부터 이미 거액의 위약금 관련 내용증명[22]을 받았음에도 불구하고 법률실사에 있어서 해당 서류를 제공하지 않고

숨겨두었지만 지분인수 절차가 완료된 후 제3자가 목적회사를 피고로 소송을 제기함

2. 중국측의 의도와는 무관한 잠재적인 법률 리스크

예컨대 목적회사의 지분을 인수할 때에는 유효하던 목적회사의 중요한 특허가 지분인수 절차 완료 후에 제기된 무효심판에서 패소하여 무효로 확정됨

3. 불가항력에 의한 법률 리스크

예컨대 한국투자자가 목적회사의 지분을 인수하게 된 주요한 목적은 해당 회사가 보유하고 있는 특정사업 운영 허가증이었는데 지분인수 절차가 완료된 후 법률변경으로 인해 해당 허가증이 취소됨

참고로 실무상에서 많이 고민하는 법률 리스크는 목적회사의 노동분쟁, 원시 출자 및 중요한 재산권에 존재하는 법적 하자, 숨겨진 채무 및 소송·중재 등입니다.

물론 한국투자자와 중국주주 간에 체결하는 지분양도계약서에는 상술한 문제가 발생하였을 경우에 대비하여 한국투자자의 계약해지권 또는 중국주주의 손해배상책임 관련 조항을 설치할 수도 있지만, 중국주주가 협상에 의한 문제해결을 거절할 경우에는 소송 또는 중재를 통해 해결할 수밖에 없고, 이러한 구제절차에는 많은 노력과 비용이 필요합니다.

제3절 증자에 의한 설립

Q79 증자에 의한 현지법인의 설립절차는?

A79 실무상에서 한국투자자가 목적회사23)에 증자(增資)하는 방식에 의해 현지법인을 설립하는 경우도 자주 있습니다.

---

22) 중국에서는 변호사서한(律師函)이라고 합니다.
23) Q74의 경우와 마찬가지로 중국 내자기업, 즉 중국계 자본에 의해 설립된 기업을 말합니다.

이러한 방식에 의한 현지법인 설립은 지분을 인수하는 방식에 의한 현지법인 설립의 경우와 마찬가지로 일정한 경영실적이 있는 중국 기업에 자본 참여하는 방식에 의한 것이므로 신속히 중국에서의 사업 거점을 확보할 수 있다는 장점이 있습니다.

목적회사에 증자하는 방식으로 현지법인을 설립할 경우, 한국투자자가 중국 내에서 진행하게 되는 주요 절차는 다음과 같습니다.

1. 준비작업

한국투자자와 목적회사 및 중국주주 간에 증자업무에 관한 담당자(또는 대리업체) 지정, 정보제공, 비밀유지 등 사항에 대해 포괄적인 계약서를 체결합니다.

2. 목적회사에 대한 실사

실사에는 법률실사·회계실사·지식재산권실사 등 여러 가지 종류가 있으며, 실사의 목적은 목적회사에 법률·회계·지식재산권 등 분야에 숨겨진 리스크 또는 잠재적인 리스크가 있는지 여부를 점검하는 작업입니다.

참고로 증자금액이 적거나 한국투자자가 목적회사의 경영상황에 대해 상세히 파악하고 있을 경우에는 위 실사를 진행하지 않는 경우도 있습니다.

3. 증자 조건 및 지분비율에 대한 협상

한국투자자가 실사결과를 검토한 후 목적회사에 대한 증자를 계속 추진할 의향이 있을 경우에는 중국주주와 증자조건 및 증자절차 완료 후의 목적회사에서 각 주주가 차지하는 지분비율에 대한 협상을 진행합니다.

4. 증자계약서 체결

한국투자자와 중국주주 간에 목적회사에 대한 증자조건 및 지분비율에 관하여 합의하였을 경우에는 증자계약서를 체결합니다. 실무상에서 증자계약서는 한국투자자와 중국주주 뿐만 아니라 목적회사도 당사자로 하여 체결하는 경우가 많습니다.

5. 증자계약서의 이행

한국투자자는 증자계약서의 약정에 따라 목적회사 및 중국주주의 협조하에 회사등기기관에 주주 변경등기절차를 진행하고 목적회사에 출자금을 납입합니다.

지분인수 방식에 의한 현지법인 설립의 경우와 마찬가지로 비록 위 절차는 중국법의 강제규정에 의한 것은 아니지만 증자 관련 업무에 있어서 한국투자자의 리스크를 경감하고 당사자 간의 권리·의무를 명확히 하기 위한 필수적인 절차라고 보시면 됩니다.

Q80 증자 관련 법률실사에 있어서 목적회사에 요청하는 서류는?

A80 증자 관련 법률실사에 있어서 목적회사에 요청하는 서류 리스트는 지분양수도 관련 법률실사의 경우와 동일하다고 보시면 됩니다.

구체적인 서류 리스트는 Q75에 대한 답변 내용을 참조하여 주십시오.

Q81 증자금액과 지분비율의 관계는 어떻게 되는지?

A81 한국투자자가 목적회사에 증자하는 방식으로 현지법인을 설립할 경우, 증자절차 완료 후에 한국투자자가 보유하는 목적회사의 지분비율은 반드시 증자금액과 연동하여 확정할 필요는 없으며, 지분비율은 한국투자자와 중국주주 간에 협상하여 결정할 수 있습니다.

예컨대 목적회사는 중국 A사가 3년 전에 단독으로 투자하여 설립한 기업으로서 등록자본금은 100만 위안이고 이미 전부 납입한 상황이며, 현재 목적회사의 자산가치는 200만 위안입니다. A사는 한국 B사가 목적회사에 100만 위안을 증자하는데 동의하였습니다.

상술한 경우, 증자절차 완료 후 목적회사의 등록자본금, 각 주주의 출자비율 및 지분비율은 다음과 같이 확정되거나 설정할 수 있습니다.

1. 등록자본금

✦ 원 등록자본금+증자금액=100만 위안+100만 위안=200만 위안

※ 위 등록자본금은 A사와 B사 간의 합의에 의해 금액을 조정할 수 없음

2. 출자비율

✦ A사의 출자비율=100만 위안/200만 위안=50%

✦ B사의 출자비율=100만 위안/200만 위안=50%

※ 위 출자비율은 A사와 B사간의 합의에 의해 조정할 수 없음

3. 지분비율

A사의 입장에서는 다음과 같은 계산방식에 의해 지분비율을 확정하는 것이 유리할 것이며 B사를 설득하기에도 큰 어려움은 없을 것입니다.

✦ A사의 지분비율=자산가치÷(자산가치+증자금액)
=200만 위안÷(200만 위안+100만 위안)
=66.67%

✦ B사의 지분비율=증자금액÷(자산가치+증자금액)
=100만 위안÷(200만 위안+100만 위안)=33.33%

다만, A사와 B사가 합의하였을 경우에는 위 계산방식에 따르지 않고 별도로 지분비율을 확정할 수도 있습니다.

즉, 목적회사에 대한 한국투자자의 증자금액은 등록자본금 및 출자비율과는 연동되지만 지분비율은 반드시 출자비율과 일치할 필요는 없습니다.

출자비율과 지분비율에 대한 해석은 Q29에 대한 답변 내용을 참조하여 주십시오.

Q82 증자방식에 의한 현지법인 설립의 법률 리스크는?

A82 증자방식에 의한 현지법인 설립에 있어서 한국투자자가 부담하게 되는 법률 리스크는 지분인수의 경우와 거의 동일하다고 보시면 됩니다.

구체적인 사항은 Q78에 대한 답변 내용을 참조하여 주십시오.

Q83 | 주주회회의는 어떻게 소집하고 주최하는지?

A83 현지법인이 설립된 후 최초의 주주회회의는 최다로 출자한 주주가 소집하고 주최하며, 주주회회의는 정기회의와 임시회의로 분류됩니다.

정기회의는 정관에 규정된 일자대로 개최하며, 일반적으로 전 회계연도 결산이 끝난 시점인 3월 또는 4월에 개최하는 경우가 대다수입니다.

10분의 1 이상의 의결권을 대표하는 주주, 3분의1 이상의 동사, 감사회 또는 감사(감사회를 설치하지 않은 현지법인일 경우, 이하 동일함)가 임시회의를 제안하였을 경우에는 응당 개최하여야 합니다.

현지법인이 동사회를 설치하였을 경우, 주주회회의는 동사회가 소집하고 동사장이 주최하며, 동사장이 직무를 수행할 수 없거나 수행하지 않을 때에는 부동사장이 주최하며, 부동사장이 직무를 수행할 수 없거나 수행하지 않을 때에는 반수 이상의 동사가 1 명의 동사를 추천하여 주최하도록 합니다.

현지법인이 동사회를 설치하지 않고 집행동사를 설치하였을 경우에는 집행동사가 주주회회의를 소집하고 주최합니다.

동사회 또는 집행동사가 주주회회의를 소집하는 직책을 수행할 수 없거나 수행하지 않을 경우에는 감사회 또는 감사가 주주회회의를 소집하고 주최합니다.

감사회 또는 감사가 주주회회의를 소집·주최하지 않을 경우에는 10% 이상의 의결권을 대표하는 주주가 스스로 소집하고 주최할 수 있습니다.

주주회회의의 소집은 회의 개최 15일 전에 전체 주주에게 통지하여야 합니다. 다만, 정관에 별도의 규정이 있거나 전체 주주가 합의한 경우는 제외합니다. 실무상에서는 회의 사전 통지기간을 15일 보다 길게 설정하는 경우가 많습니다.

주주회는 의결사항에 대해 회의록을 작성하고, 회의에 출석한 주주는 회의록에 서명하여야 합니다.

주주회 의결사항에 대해 모든 주주가 서면형식으로 동의한 경우에는 주주회회의를 소집하지 않고 직접 결정할 수 있으며, 모든 주주가 의결서에 서명·날인하여야 합니다.

📖 **구체적인 법률근거** 회사법 제37조 제2항, 제38조, 제39조, 제40조, 제41조

Q84 | 주주회는 어떻게 의사결정을 내리는지?

A84

중국법의 규정에 의하면 현지법인의 주주는 출자비율에 따라 의결권을 행사하지만 정관에 별도의 규정이 있는 경우는 제외합니다.

예컨대 한국 A사와 중국 B사가 공동으로 투자하여 설립한 현지법인의 등록자본금은 100만 위안이며 A사와 B사가 실제로 납입한 출자금은 각각 40만 위안과 60만 위안으로서 출자비율은 40% : 60%이지만 정관에는 A사와 B사의 지분비율을 50% : 50%이라고 약정하였습니다. 이러한 경우 A사와 B사는 주주회에서 50% : 50%의 비율에 따라 의결권을 행사하게 됩니다.

주주회가 그 권한 내의 어떤 사항에 대해 의사결정을 내리는데 필요한 의결권의 찬성비율은 정관의 규정에 따라야 합니다.

다만, 정관에 관련 규정이 없을 경우, 일반적인 사항에 대해서는 과반수 의결권을 보유하고 있는 주주의 찬성이 필요하며, 다음과 같은 특별사항에 대해서는 3분 2 이상의 의결권을 보유하고 있는 주주의 찬성이 필요합니다.

① 정관의 개정

② 등록자본금의 증가 또는 감소

③ 합병·분할·해산 또는 회사형태의 변경

📖 **구체적인 법률근거** 회사법 제42조, 제43조

Q85	동사회회의는 어떻게 소집하고 주최하는지?

A85 현지법인의 동사회회의는 동사장이 소집하고 주최하며, 동사장이 직무를 수행할 수 없거나 수행하지 않을 때에는 부동사장이 소집하고 주최하며, 부동사장이 직무를 수행할 수 없거나 수행하지 않을 때에는 반수 이상의 동사가 공동으로 1명의 동사를 추천하여 동사회회의를 소집하고 주최하도록 합니다.

중국법에는 동사회회의 소집방식과 의결절차에 대한 구체적인 규정이 없기에 실무상에서는 일반적으로 다음과 같은 사항을 정관에 구체적으로 기재합니다.

① 동사회회의 소집에 관한 사전통지

② 동사회회의 대리출석

③ 동사회회의 정족수

④ 회람형식에 의한 동사회 의결

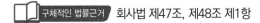 구체적인 법률근거 회사법 제47조, 제48조 제1항

Q86	동사회는 어떻게 의사결정을 내리는지?

A86 동사회 의결은 〈1인 1표제〉를 실시합니다.

동사회가 그 권한 내의 특정사항에 대해 의사결정을 내리는데 필요한 의결권의 찬성비율은 정관의 규정에 따르도록 되어있지만, 정관에 관련 규정이 없을 경우에는 과반수 동사의 찬성이 필요합니다.

동사회는 그 의결사항 관련 결정에 대해 회의록을 작성해야 하며, 회의에 출석한 동사는 회의록에 서명하여야 합니다.

 구체적인 법률근거 회사법 제48조

Q87 감사회회의는 어떻게 소집하고 주최하는지?

A87 현지법인의 감사회는 1명의 의장을 설치하며, 의장은 전체 감사의 과반수 동의를 거쳐 선출됩니다.

의장은 감사회회의를 소집·주최하며, 의장이 그 직무를 수행할 수 없거나 수행하지 않을 경우에는 반수 이상의 감사가 공동으로 1명의 감사를 추천하여 감사회회의를 소집·주최하도록 합니다.

감사회회의는 매년 적어도 1회 개최되어야 하며, 감사는 임시감사회회의 개최를 제안할 수 있습니다.

다만, 중국법에는 감사회의 의사방식과 의결절차에 대한 규정이 없기에 이러한 방식과 절차에 대해서도 정관에 구체적으로 규정할 필요가 있습니다.

📖 구체적인 법률근거 회사법 제51조 제3항, 제55조 제1항, 제2항

Q88 감사회는 어떻게 의사결정을 내리는지?

A88 현지법인의 감사회는 절반 이상 감사의 동의를 거쳐 의사결정을 내릴 수 있습니다.

아울러 감사회는 의사결정에 관한 회의록을 작성해야 하며, 회의에 출석한 감사는 회의록에 서명하여야 합니다.

📖 구체적인 법률근거 회사법 제55조 제3항 및 제4항

Q89 현지법인은 증자(增資) 가능한지?

A89 가능합니다.

증자는 기존 주주가 증가된 등록자본금을 인수하는 방식과 신규 주주가 증가된 등록자본금을 인수하는 방식으로 분류됩니다.

증자절차에서는 정관 개정본, 회사변경등기 신청서 등 서류를 회사등기 기관에 제출할 필요가 있으며, 한국기업이 신규 주주로 되어 증가된 등록자본금을 인수할 경우에는 한국에서 공증·인증 절차를 거친 사업자 등록증 사본도 제출하여야 합니다.

아울러 현지법인은 증자에 관한 의결을 한 날로부터 30일 내에 회사 등기기관에 변경등기 신청을 하여야 합니다.

실무상에서 증자 관련 변경등기는 상대적으로 간편하게 처리할 수 있는 업무입니다.

 **구체적인 법률근거** 회사법 제178조 제1항, 제179조 제2항
회사등기 관리조례 제31조 제1항

Q90 현지법인은 감자(減資) 가능한지?

A90 이론상에서는 가능합니다.

현지법인이 경영상의 수요로 인해 등록자본금을 감소할 필요가 있을 경우에는 감자에 관한 의결을 한 날로부터 10일 내에 채권자에게 통지하고 30일 내에 신문에 공고하여야 합니다.

채권자는 통지서를 받은 날로부터 30일 내에, 통지서를 받지 못한 채권자는 공고일로부터 45일 내에 현지법인에 채무변제 또는 상응한 담보제공을 요청할 권리가 있습니다.

상기 공고일로부터 45일이 경과한 후, 현지법인은 다음과 같은 서류를 회사등기기관에 제출하여 등록자본금 변경등기 절차를 밟아야 합니다.

① 회사변경등기 신청서

② 현지법인 정관 개정본

③ 감자공고가 게재된 신문 원본

④ 현지법인 대차대조표 및 재산명세서

⑤ 현지법인의 채무변제에 관한 보고서 또는 담보제공에 관한 상황설명서

⑥ 회사등기기관이 요청하는 기타 서류

현지법인의 감자는 증자에 비해 절차가 복잡하며 회사등기기관이 허가하지 않을 가능성도 상대적으로 높습니다.

📖 **구체적인 법률근거** 회사법 제177조, 제179조 제2항
회사등기 관리조례 제31조 제2항

Q91 현지법인은 합병 가능한지?

A91 가능합니다.

중국법의 규정에 따르면 합병은 흡수합병과 신설합병으로 분류됩니다.

흡수합병은 한 회사가 다른 회사를 흡수하는 방식이며 흡수된 회사는 해산됩니다. 신설합병은 2개 이상의 회사가 합병하여 하나의 새로운 회사를 설립하는 방식이며 합병에 참여하는 각 회사는 해산됩니다.

회사가 합병될 경우, 각 합병당사자는 합병계약을 체결하고 대차대조표 및 재산명세서를 작성하여야 하며, 합병에 관한 의결을 한 날로부터 10일 내에 채권자에게 통지하고 30일 내에 신문에 공고하여야 합니다.

채권자는 통지서를 받은 날로부터 30일 내에, 통지서를 받지 못한 채권자는 공고일로부터 45일 내에 회사에 채무변제 또는 상응한 담보 제공을 요청할 수 있습니다.

각 합병당사자의 채권·채무는 합병 후에 존속하는 회사 또는 신설된 회사가 승계합니다.

그 밖에, 합병절차에 있어서 등기사항이 변경되거나 회사를 해산하거나 신규회사를 설립할 경우에는 회사등기기관에 상응한 변경등기, 말소등기 또는 설립등기 절차를 밟아야 합니다.

📖 구체적인 법률근거 ⟩ 회사법 제172조, 제173조, 제174조, 제179조 제1항

Q92 │ 현지법인은 분할 가능한지?

A92 가능합니다.

실무상에서 분할은 존속분할과 해산분할로 분류됩니다.

존속분할은 한 회사가 2개 이상의 회사로 분할되어 원 회사는 존속함과 동시에 1개 이상의 새로운 회사를 설립하는 방식이며, 해산분할은 한 회사가 2개 이상의 회사로 분할되어 원 회사는 해산하고 2개 이상의 새로운 회사를 설립하는 방식입니다.

회사가 분할될 경우에는 대차대조표 및 재산명세서를 작성하여야 하며, 분할에 관한 의결을 한 날로부터 10일 내에 채권자에게 통지하고 30일 내에 신문에 공고하여야 합니다. 다만, 회사는 그 채권자에게 채무를 변제하거나 담보를 제공할 의무는 없습니다.

아울러 회사가 분할되기 전에 발생한 채무는 분할 후에 존속하는 회사 및 새롭게 설립된 회사가 연대책임을 부담하여야 하지만, 분할 전에 회사와 채권자 간에 채무변제에 대한 별도의 약정이 있을 경우는 제외합니다.

그 밖에, 분할절차에 있어서 등기사항이 변경되거나 회사를 해산하거나 신규회사를 설립할 경우에는 회사등기기관에 상응한 변경등기, 말소등기 또는 설립등기 절차를 밟아야 합니다.

📖 구체적인 법률근거 ⟩ 회사법 제175조, 제176조, 제179조 제1항

Q93 | 현지법인은 주소를 변경할 수 있는지?

A93 가능합니다.

현지법인이 주소를 변경할 경우에는 신주소에 전입하기 전에 회사등기기관에 변경등기 신청을 하고 임대계약서 등 신주소 사용에 관한 증명서류를 제출하여야 합니다.

아울러 현지법인의 신주소가 원 회사등기기관의 관할구역에 소재하여 있지 않을 경우에는 신주소에 전입하기 전에 관할 회사등기기관에 변경등기를 신청해야 하며, 관할 회사등기기관이 해당 신청을 접수한 후에는 원 회사등기기관이 현지법인의 등기문서를 관할 회사등기기관에 이송하게 됩니다.

참고로 원 회사등기기관 관할구역 내에서의 신주소 변경절차는 간편하게 진행할 수 있지만 원 회사등기기관의 관할구역을 벗어나는 신주소 변경절차(예컨대 베이징에 설립된 현지법인을 상하이로 이전)에 있어서는 인원정리 및 원 세무·세관부서에서의 등기말소 등 번거로운 준비작업이 필요합니다.

또한 현지법인이 원 회사등기기관 관할구역 이외의 지역으로 이전한다는 것은 해당 지방정부의 재정수입 감소를 초래할 수 있기에 실무상에서는 여러 가지 인위적인 장애가 존재할 수 있습니다.

📖 **구체적인 법률근거** 회사등기 관리조례 제29조

Q94 | 현지법인은 휴면할 수 있는지?

A94 중국법에는 휴면회사라는 개념이 없습니다.

현지법인이 설립된 후 정당한 사유 없이 6개월이 경과하여도 개업을 하지 않거나 또는 개업 후 자체적으로 연속 6개월 이상 영업을 중지한 경우, 회사등기기관은 그 사업자등록증을 말소할 수 있습니다.

실무상에서 회사등기기관은 주요하게 다음과 같은 요소들을 종합적으로 감안하여 현지법인이 장기적으로 영업을 중지한 상황인지 여부를 판단하게 됩니다.

① 제때에 세무신고를 하고 있는지

② 등기주소 또는 경영장소를 방문하여 현지법인과 연락을 취할 수 있는지

③ 법률규정대로 종업원들의 사회보험료를 납부하고 있는지

④ 은행 기본계좌에 6개월 내의 자금거래 기록이 있는지

⑤ 신규 버전의 사업자등록증을 수령하였는지

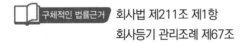 회사법 제211조 제1항
회사등기 관리조례 제67조

Q95 현지법인의 법정준비금은 어떻게 인출하는지?

A95 현지법인의 법정준비금(法定公積金24))은 한국회사의 이익준비금에 해당하는 개념입니다.

현지법인이 해당 연도의 세후 이윤을 배당할 때에는 이윤의 10%를 인출해 법정준비금으로 편입하여야 합니다. 법정준비금의 누계액이 등록자본금의 50% 이상일 경우에는 더 이상 인출하지 않아도 됩니다.

법정준비금으로 전연도의 결손을 보전하기 어려울 경우에는 법정준비금을 인출하기 전에 먼저 해당 연도의 이윤으로 결손을 보전하여야 합니다.

그 밖에, 현지법인은 세후 이윤에서 법정준비금을 인출한 후 주주회 의결을 거쳐 추가로 임의준비금(任意公積金25))을 인출할 수도 있습니다.

---

24) 한글로 직역하면 '법정공적금'입니다.
25) 한글로 직역하면 '임의공적금'입니다.

합자회사일 경우, 한국투자자는 일반적으로 짧은 기간 내에 많은 이윤을 배당 받아 조속히 투자금을 회수하는 것을 원하지만 중국투자자는 법정준비금이나 임의준비금의 인출비율을 높여 합자회사에 상대적으로 많은 이윤을 남겨두려 하는 경우가 종종 있습니다.

따라서 한국투자자의 입지에서는 상기 법률규정을 준수하는 전제하에서 합자회사의 정관에 법정준비금이나 임의준비금의 인출비율 및 의결조건에 대해 특별약정을 두는 것이 유리할 수도 있습니다.

구체적인 법률근거 회사법 제166조 제1항, 제2항, 제3항

Q96 | 현지법인의 이윤배당 비율은 어떻게 확정하는지?

A96 현지법인의 이윤배당은 각 투자자가 실제로 납입한 출자금의 비율에 따라 진행하는 것이 원칙입니다.

예컨대 한국 A사와 중국 B사가 2020년 1월 1일에 설립한 현지법인의 정관에 따르면 현지법인의 등록자본금은 100만 위안이고 A사와 B사가 납입하기로 약속한 출자금의 비율은 30% : 70%이며, 쌍방은 현지법인 설립 후 1개월 내에 출자금을 전부 납입하기로 약정하였습니다.

현지법인 설립 후, A사는 정관의 약정대로 30만 위안의 출자금을 전부 납입하였지만 B사는 자금사정으로 인해 20만 위안의 출자금밖에 납입하지 못하였습니다.

현지법인은 2020년도에 이윤이 발생하였고 현지법인의 주주회는 해당 이윤을 배당하기로 결정하였습니다.

상술한 경우, A사와 B사에 대한 현지법인의 2020년도 이윤배당은 30% : 70%이 아니라 60% : 40%의 비율에 따라 진행하게 됩니다.

다만, 각 투자자가 동의할 경우에는 출자비율이 아닌 다른 기준에 따라 이윤배당을 진행할 수도 있습니다.

예컨대 상기 사례에 있어서 A사와 B사가 납입하기로 약속한 출자금 (또는 납입한 출자금)의 비율은 30% : 70%이지만 쌍방은 50% : 50%에

따라 현지법인의 이윤을 배당할 수 있습니다.

참고로 합자경영기업법의 규정에 의하면 합자회사의 이윤배당은 반드시 출자비율에 따라 진행하여야 했지만, 상기 법률규정은 2020년 1월 1일부터 외국인투자법이 시행됨에 따라 이미 폐지된 상황입니다.

📖 **구체적인 법률근거** 회사법 제34조

Q97 현지법인이 경영범위를 초과하여 경영하면 어떻게 되는지?

A97 현지법인이 경영범위를 초과하여 영업활동을 진행할 경우에는 일반적으로 다음과 같은 법률 이슈 또는 책임이 발생하게 됩니다.

1. 경영범위를 초과하여 진행한 영업활동의 유효성

선의의 제3자의 이익을 보호하기 위해 실무상에서 중국법원은 현지법인이 회사등기기관에 등기된 경영범위를 초과하여 진행한 영업활동에 대해 원칙적으로 유효하다고 인정합니다.

다만, 현지법인이 경영범위를 초과하여 진행한 영업활동이 중국정부가 제한하거나 특별허가를 거쳐야만 종사할 수 있는 업무에 해당하거나 법률·행정법규의 규정에 의해 금지되는 경우에는 무효로 취급됩니다.

예컨대 경영범위가 식품 수출입 및 도소매인 현지법인이 제3자와 담배매매계약을 체결하였을 경우, 담배의 도소매업무는 중국정부가 외국인투자자의 지분참여를 금지하는 업종이기에 해당 계약은 무효로 인정될 가능성이 높습니다.

2. 행정상의 법적 책임

중국법의 규정에 의하면 현지법인이 경영범위를 초과하여 영업활동을 하였을 경우, 회사등기기관은 사안의 경중에 따라 다음과 같은 행정처벌을 부과합니다.

① 경고

② 불법소득 몰수

③ 불법소득 3 배 이하의 과태료(3만 위안 이하)

④ 1만 위안 이하의 과태료(불법소득이 없을 경우)

현지법인이 경영범위를 초과하여 영업활동을 진행함과 동시에 기타 불법경영행위가 있을 경우에는 다음과 같은 행정처벌을 부과합니다.

① 영업중지 및 정리

② 불법소득 몰수

③ 불법소득 3 배 이하의 과태료(3만 위안 이하)

④ 1만 위안 이하의 과태료(불법소득이 없을 경우)

⑤ 사업자등록증 취소(사안이 중대할 경우)

 구체적인 법률근거 ┃ 민법전 제505조
기업법인 등기관리조례 시행세칙 제49조 제1항 제4호

Q98 ┃ 현지법인의 법인대표·동사 및 감사는 중국에 상주해야 하는지?

A98 아닙니다.

중국법에는 현지법인의 법인대표·동사 또는 감사가 반드시 중국에 상주해야 한다는 규정이 없기에 상기 인원이 중국에 상주하지 않아도 법적으로 문제되는 점은 없습니다.

아울러 실무상에서 일정한 사업규모를 가지고 있는 한국본사의 법인 대표나 중요한 임원이 현지법인의 법인대표도 겸임할 경우에는 대부분 중국에 상주하지 않고 그 권한을 현지법인에 파견된 총경리에게 위임하여 행사하도록 하는 경우가 많습니다.

따라서 어떠한 사람을 현지법인의 총경리로 파견하는 지에 따라 중국 진출 사업의 승패를 가를 수도 있기에 신중히 고려하여 적임자를 선택하시기 바랍니다.

Q99 현지법인의 법인대표는 어떤 법률 리스크를 부담하게 되는지?

A99 일반적으로 한국분들은 중국의 회사경영에 관련된 법률이나 현지 상황을 잘 모르시기에 현지법인의 법인대표는 이름만 빌려주면 되는 그런 간단한 일이 아닙니다.

특히 합자회사에서 법인대표는 한국측이 담당하고 있지만 실제 관리 업무는 중국측이 담당하고 있을 경우에는 더욱 그러하며, 자칫하면 본의 아니게 한국에서 말하는 '바지사장'으로 될 수도 있기에 아래 내용을 참조하시고 각별히 주의하시기 바랍니다.

현지법인의 법인대표가 부담하게 되는 주요한 법률 리스크는 다음과 같습니다.

1. 민사상의 법률 리스크

- 법인대표가 현지법인의 업무를 처리함에 있어서 법률·행정법규 또는 정관의 규정을 위반하여 현지법인에 손실을 초래하였을 경우에는 손해배상책임을 부담하여야 함

- 법인대표가 특수관계를 이용하여 현지법인의 이익에 손실을 초래 하였을 경우에는 손해배상책임을 부담하여야 함

- 현지법인이 중국법원에서 민사소송의 피고가 되었을 경우, 원고는 법인대표에 대한 출국금지령을 신청할 수 있음

- 현지법인이 중국법원의 민사판결을 이행하지 않을 경우, 채권자는 법인대표에 대해 출국금지령, 신용불량기록 및 사치금지령26)(限制 高消费令)을 신청할 수 있음

2. 행정상의 법률 리스크

- 현지법인이 파산되었고 법인대표가 그 파산에 대해 개인적인 책임이 있을 경우에는 파산청산이 완료된 날로부터 3년 내에 다른 현지법 인의 동사·감사 및 고급관리인원을 담당할 수 없음

---

26) 한국에는 없는 강제집행조치의 하나로서 현지법인의 법인대표가 사치금지령을 받은 경우에는 현지법인이 채무를 변제하기 전까지 출국, 비행기 및 고속 열차 탑승, 고급 호텔 숙박, 아파트 및 자동차 구매, 골프장 이용, 은행 대출이 금지되기에 아주 큰 불편함을 겪어야 하며 사실상 정상적인 비즈니스활동을 할 수 없습니다.

- 현지법인이 불법행위로 인해 사업자등록증이 취소되었거나 폐업을 명받았고 법인대표가 이에 대해 개인적인 책임이 있을 경우에는 사업자등록증을 취소당한 날로부터 3년 내에 다른 현지법인의 동사·감사 및 고급관리인원을 담당할 수 없음

- 현지법인이 청산절차에 있어서 재산을 은닉하거나 대차대조표 또는 재산명세서에 허위내용을 기재하거나 채무를 변제하기 전에 회사 재산을 분배하였을 경우, 회사등기기관은 그 법인대표에게 1만 위안 이상 10만 위안 이하의 과태료를 부과함

- 현지법인이 행정 관련 법률을 위반하였을 경우, 그 법인대표는 여러 가지 처벌을 받을 수 있음. 예컨대 현지법인이 오수를 무단 배출 하였고 관련부서로부터 시정명령을 받았지만 이를 거부할 시 공안 부서는 그 법인대표에 대해 15일 이하의 구류(拘留)처벌을 부과할 수 있음

3. 형사상의 법률 리스크

- 현지법인이 범죄행위를 하였을 경우에는 그 법인대표도 형사처벌을 받을 수 있음. 예컨대 현지법인이 영업비밀을 침해하였고 사안이 중대할 경우에는 그 법인대표에 대해 3년 이상 7년 이하의 징역을 선고할 수 있음

 **구체적인 법률근거** 회사법 제21조, 제146조 제1항 제3호 및 제4호, 제147조, 제148조, 제149조, 제204조 제2항
민법전 제62조
민사소송법 제100조 제1항, 제255조
출입국관리법 제28조 제2호
환경보호법 제63조 제2호
형법 제31조, 제219조, 제220조

| Q100 | 현지법인의 회계장부 작성 및 세무신고 업무는 어떻게 진행하는지?

| A100 | 현지법인의 규모가 작고 회계장부 작성 및 세무신고 업무가 적을 경우에는 전문인원을 채용하지 않고 대행업체에 관련 업무를 의뢰하면 인건비를 많이 절약할 수 있습니다.

이러한 경우에는 서비스 품질이 좋고 장기적으로 업무의뢰가 가능한 대행업체를 찾는 것이 포인트입니다.

다만, 현지법인의 규모가 상대적으로 크고 매월 처리해야 하는 회계 및 세무신고 업무가 복잡하고 양도 많을 경우에는 전문인원을 채용하는 것이 인건비 및 업무효율 면에서 더욱 유리할 수도 있습니다.

참고로, 과거에 중국에서 회계업무를 담당할 수 있는 인원은 회계자격증(会计从业资格证) 보유자로 제한되었지만 회계자격증 제도는 2017년 11월에 이미 폐지된 상황입니다.

| Q101 | 현지법인의 회계장부가 혼란하면 한국본사에 어떤 책임이 발생하는지?

| A101 | 한국본사가 현지법인의 채무에 대해 연대책임을 부담하게 될 수 있습니다.

중국에도 한국과 마찬가지로 〈법인격부인의 법리〉가 존재합니다. 즉, 주주가 회사(특히 1인회사)의 법인독립지위 및 유한책임을 남용하여 채무를 도피하고 회사 채권자의 이익을 심각하게 침해할 경우에는 회사의 채무에 대해 연대책임을 부담하여야 한다는 법리입니다.

현지법인의 회계장부가 혼란함으로 인해 현지법인과 한국본사의 재산이 혼동되는 결과를 초래할 경우, 중국법원은 채권자의 청구에 의해 현지법인의 독립적인 법인격을 부인하고 한국본사가 현지법인의 채무에 대해 연대책임을 부담할 것을 명할 수 있습니다.

그 밖에, 현지법인의 회계장부가 혼란하면 주관부서에서 현지법인 및 그 법인대표에 대해 과태료를 부과할 수 있으며 현지법인의 파산·해산 절차도 순조롭게 진행될 수 없기에 각별한 주의가 필요합니다.

구체적인 법률근거 회사법 제20조 제1항 및 제3항
회계법 제42조

Q102 현지법인의 중요한 의사결정에 관련된 서류는 어떻게 보관해야 하는지?

A102 현지법인의 운영에 있어서 주주회 및 동사회는 대외투자, 증자·감자, 지분양도, 경영범위 변경, 융자, 담보, 이윤배당, 정관 개정, 내규제정, 법인대표 및 동사·감사의 선임·경질, 고급관리인원 초빙 등 여러 가지 중요한 의사결정을 내리게 됩니다.

한국투자자가 100% 투자한 현지법인일 경우에는 모든 의사결정을 한국투자자가 독자적으로 진행하기에 특별히 문제될 점은 없지만, 한국투자자와 중국투자자가 공동으로 출자하여 설립한 현지법인(합자회사)일 경우에는 상기 의사결정에 관하여 법률분쟁이 발생할 가능성도 있기에 관련 서류의 원본은 잘 보관하여야 합니다.

실무상에서 합자회사의 의사결정에 관한 회의록이나 의결서는 동일한 내용으로 여러 통의 원본을 작성하여 각 투자자 및 합자회사가 1통씩 보관하는 것이 일반적입니다.

Q103 직원을 채용한 후 서면으로 근로계약을 체결하지 않으면 어떤 리스크가 있는지?

A103 실무상에서 현지법인이 중국에서 직원을 채용한 후 서면으로 근로계약을 체결하지 않는 경우가 간혹 존재합니다. 그 이유는 각양각색인데 심지어 직원 스스로가 근로계약 체결을 원하지 않는 경우도 있습니다.

다만, 중국법의 규정에 따르면 사용자는 근로자를 채용한 날로부터 1개월 내에 서면으로 근로계약을 체결할 의무가 있으며, 근로계약을 체결하지 않은 기간이 채용일로부터 1개월을 초과하였지만 1년 미만일 경우에는 매월 근로자에게 2배의 급여를 지불해야 합니다.

예컨대 현지법인 A가 2020년 1월 1일에 중국인 B를 채용하였지만 2022년 3월 2일까지 서면 근로계약을 체결하지 아니하였을 경우, A는 2020년 2월 2일부터 2020년 12월 31일까지 B에게 2배의 급여를 지불하여야 합니다.

그 밖에, 서면 근로계약을 체결하지 않은 기간이 채용일로부터 1년을 초과하였을 경우에는 사용자와 근로자가 무기한 근로계약을 체결한 것으로 간주됩니다.

예컨대 위 사례에 있어서 2021년 1월 1월부터 A와 B 간에는 무기한 근로계약이 체결된 것으로 판단합니다.

📖 구체적인 법률근거 노동계약법 제10조 제1항 및 제2항, 제14조 제3항, 제82조 제1항

▪▪▪ 제3장 현지법인 철수

Q104 현지법인 철수에는 어떤 방식이 있는지?

A104 현지법인의 철수방식에는 해산청산, 파산청산, 지분양도, 자산매각, 감자, 흡수합병 등 다양한 방식이 있지만 실무상에서 주요하게 사용되는 철수방식은 해산청산, 파산청산 및 지분양도입니다.

아울러 현지법인의 철수방식에 있어서 가장 간단하고 효율적인 방식은 지분양도이지만 현지법인에는 여러 가지 숨겨진 채무나 잠재적인 법률 리스크가 있을 수 있기에 적절한 양수인을 찾는 것은 쉬운 일이 아닙니다.

양수인은 중국투자자일수도 있고 외국인투자자일수도 있지만 현지법인이 특정사업에 종사하고 있을 경우에는 양수인의 자격에도 일정한 요구사항이 있습니다. 예컨대 현지법인이 의료기구일 경우, 양수인은 관련 업계의 사업경험이 있는 업체이어야 합니다.

참고로 저희들이 과거에 취급했던 모 일본기업의 지분양도방식에 의한 중국사업 철수업무에서는 효율적인 철수를 위해 현지법인의 모든 지분을 1 위안의 대가로 중국기업에게 양도한 사례도 있었습니다.

해산청산이란 무엇인지?

A105 현지법인이 해산됨으로 인해 청산을 진행한다는 의미입니다.

중국법의 규정에 의하면 현지법인에 다음과 같은 사유의 하나가 발생하였을 경우에는 해산됩니다.

① 정관에 규정된 경영기한이 만료되거나 정관에 규정된 기타 해산사유가 발생함

② 주주회가 해산을 의결함

③ 현지법인이 합병 또는 분할로 인해 해산할 필요가 있음

④ 법에 의해 사업자등록증이 취소되거나 폐업을 명받거나 철회됨

그 밖에, 현지법인의 경영관리에 중대한 곤란이 발생하고 계속하여 존속할 시에는 주주의 이익에 중대한 손실을 초래하며 다른 방법으로 해결할 수 없을 경우, 현지법인 전체 의결권의 10% 이상을 보유하고 있는 주주는 관할법원에 현지법인 해산을 청구할 수 있습니다.

현지법인이 상기 ①~④에 기재된 사유로 인해 해산할 경우에는 해산사유가 발생한 날로부터 15일 내에 청산팀을 구성하여 청산절차를 시작해야 하며, 청산팀은 주주로 구성됩니다.

기한이 경과되어도 청산팀을 구성하여 청산을 진행하지 않을 경우, 채권자는 법원에 관련 인원을 지정하여 청산팀을 구성하고 청산절차를 진행하여 줄 것을 신청할 수 있습니다.

📖 **구체적인 법률근거** 회사법 제180조, 제182조, 제183조

Q106 파산청산이란 무엇인지?

A106 현지법인이 경영상황 악화로 인해 파산되어 청산을 진행한다는 의미입니다.

현지법인이 만기 채무를 변제하지 못하고 또한 그 자산으로 전부의 채무를 변제할 수 없거나 또는 현저하게 변제능력이 결여될 경우, 채권자 또는 현지법인은 법원에 파산을 신청할 수 있습니다.

법원이 파산신청을 접수하는 결정을 내리면 관리인27)을 지정하여 현지법인의 재산·인감·장부·서류 및 일상 관리업무를 접수하고 현지법인의 재산상황을 조사하며 현지법인을 대표하여 소송·중재 및 기타 법률절차를 수행하게 됩니다. 즉 파산신청이 접수되면 현지법인의 모든 경영권은 관리인에게 이관됩니다.

관리인은 법원에 파산업무수행기관으로 등록되어 있는 중국 법률사무소 또는 회계사사무소 중에서 지정하며 실무상에서는 법률사무소를 관리인으로 지정하는 경우가 많습니다.

아울러 법원은 파산신청을 접수한 후 채권자에게 통지 또는 신문에 공고하는 형식으로 일정한 기한 내에 채권을 신고하도록 합니다.

법원에서 심리를 거쳐 현지법인이 파산조건을 구비하였다고 판단할 경우에는 파산선고 결정을 내리며 현지법인은 청산절차에 진입하게 됩니다.

관리인은 채권자회의(債權人会议, 채권자 전원으로 구성됨)의 감독과 법원의 지휘 하에 현지법인의 잔여재산을 정리하고 처분하여 현금화하고 파산비용(예컨대 관리인의 보수), 공익채무(예컨대 현지법인이 파산절차 중에 계속 영업함으로 인해 발생한 비용), 종업원 급여·사회보험료·퇴직금, 세금, 일반채권 등 순서에 따라 변제하며, 잔여재산으로 동일한 순서의 채무를 전부 변제할 수 없을 경우에는 그 비율에 따라 변제합니다.

현지법인에 더 이상 채권자에게 분배할 재산이 없을 경우, 법원은 파산절차를 종료하는 결정을 내리며, 관리인은 법원의 결정서를 지참하여 회사등기기관에 현지법인 말소등기 절차를 진행하여야 합니다.

그 밖에, 법원이 파산신청을 접수하였다 하더라도 현지법인은 채권자회의의 동의 및 법원의 허가 하에 회생(重整) 또는 화해 절차를 거쳐 파산하지 않고 존속할 수도 있습니다.

---

27) 한국의 파산관재인에 해당합니다.

Q107 현지법인의 법인대표는 파산절차에서 어떤 의무를 부담하는지?

A107 중국법원이 파산신청 접수에 관한 결정서를 현지법인에 송달한 날로부터 파산절차 종료일까지 현지법인의 법인대표는 다음과 같은 의무를 부담하여야 합니다.

① 본인이 점유 및 보관하고 있는 현지법인의 재산 및 인감·장부·문서 등 물품과 서류를 적절하게 보관하여야 함

② 법원 및 관리인의 요구에 따라 업무를 수행하며 사실대로 질문에 답변하여야 함

③ 채권자회의에 열석하여 사실대로 채권자의 질문에 답변하여야 함

④ 법원의 허가 없이 중국 내 거주지를 떠나서는 아니됨

⑤ 중국 내 기타 기업의 동사·감사 및 고급관리직을 새롭게 담당하여서는 아니됨

아울러 법원은 현지법인의 재무관리인원 및 기타 경영관리인원에 대해서도 상술한 의무 부담을 명령할 수 있습니다.

따라서, 현지법인의 법인대표나 재무책임자 등 주요한 관리자가 한국인일 경우에는 법원에 파산신청을 제출하기 전에 현지에서 처리해야 하는 준비작업을 마치고 중국을 떠나는 것이 적절할 수도 있습니다.

📖 **구체적인 법률근거** 기업파산법 제15조

Q108 투자자가 출자금을 전부 납입하지 않은 상황 하에서 현지법인을 청산할 수 있는지?

A108 현지법인이 설립된 후 투자자는 출자금을 정관의 규정에 따라 분할 납입할 수 있기에 실무상에서는 투자자가 출자금을 전부 납입하기 전에 현지법인이 해산되는 상황도 발생할 수 있습니다.

예컨대 한국 A사가 단독으로 투자하여 설립한 현지법인의 등록자본금은 100만 달러이며 정관의 규정에 따르면 A사는 현지법인 설립일로부터 3개월 내에 등록자본금의 20%에 해당하는 출자금(20만 달러)을 납입하고 나머지 80%의 출자금(80만 달러)은 현지법인 설립일로부터 20년 내에 납입하면 됩니다.

현지법인이 설립된 후 A사는 정관의 규정대로 20만 달러의 출자금을 납입하였으나 만 3년이 되는 시점에서 구조조정으로 인해 중국사업을 포기하기로 결정하였습니다.

이러한 경우 현지법인을 청산할 수 있을까요?

구체적인 상황에 따라서 그 결과는 다를 수 있습니다.

1. 현지법인의 부채가 자산을 초과할 경우

현지법인이 제3자에게 변제해야 하는 채무가 보유하고 있는 자산보다 많을 경우, A사는 출자기한이 도래하지 않은 출자금을 현지법인에 추가로 납입할 필요가 있습니다.

어느 정도의 출자금을 추가로 납입해야 할지에 대해서는 구체적인 규정이 없고 실무상에서 참고할 만한 기준도 없기에 회사등기기관의 판단에 따라야 합니다.

예컨대 위 사례에 있어서 현지법인이 제3자에게 변제해야 하는 채무는 50만 달러인데 현지법인의 자산은 20만 달러일 경우, A사가 아직 출자기한이 도래하지 않은 출자금을 현지법인에 추가로 납입할 필요가 있는데, 이러할 경우 A사는 30만 달러만 납입하면 되는지? 아니면 일단 나머지 80만 달러의 출자금을 전부 납입하고 청산절차를 거친 후 자산 잔액을 다시 한국으로 반출하는지에 대해서는 아직 구체적인 법률규정이나 실무상의 참조 기준이 없습니다.

다만, 위 사례에 있어서 현지법인의 채무가 등록자본금액을 초과하여 파산절차에 진입하였을 경우, A사는 아직 출자기한이 도래하지 않은 나머지 80만 달러의 출자금도 추가로 납입하여야 합니다.

2. 현지법인의 자산이 부채를 초과할 경우

현지법인이 보유하고 있는 자산이 제3자에게 변제해야 하는 부채보다 많을 경우, 이론상에서 A사는 출자기한이 도래하지 않은 출자금을 현지법인에 추가로 납입할 필요가 없는 것으로 사료됩니다.

다만, 회사등기기관이 이러한 경우에도 일단 A사에게 나머지 80만 달러의 출자금을 전부 현지법인에 납입하고 청산절차를 거친 후 자산잔액을 다시 한국으로 반출하는 방식을 채택할 가능성은 완전히 배제할 수 없습니다.

따라서, 현지법인의 설립에 있어서 한국투자자는 신중하게 등록자본금액을 설정할 필요가 있다는 점 명기하시기 바랍니다.

Q109 현지법인 청산절차에서는 어떤 비용이 발생하는지?

A109 현지법인이 청산을 진행함에 있어서 발생하는 주요한 비용은 다음과 같습니다.

① 체납되었거나 추징되는 세금 및 과태료

② 면세혜택 반환

③ 자산매각비용

④ 체납된 종업원 급여 및 사회보험료

⑤ 종업원 퇴직금

⑥ 거래처 채무

⑦ 회계감사비용

⑧ 변호사비용

해산청산에 있어서는 상기 비용을 모두 현지법인의 잔여재산에서 지불하면 되지만, 현지법인의 잔여재산이 어느 정도 부족하고 또한 한국본사가 파산청산을 원하지 않을 경우에는 현지법인에 증자하여 해당 비용을 충족시키는 경우도 있습니다.

파산청산에 있어서는 상기 비용을 모두 현지법인의 잔여재산으로 처리하면 되고 한국본사는 부족한 비용을 보충할 의무가 없습니다.

다만, 한국본사가 파산업무에 관한 자문을 받기 위해 선임한 변호사나 기타 전문가의 보수는 자체적으로 부담하여야 합니다.

실무상에서 현지법인 철수의 주요 애로사항은 다음과 같습니다.

1. 세무등기 말소

현지법인이 경영기간 중에 중국법에 따라 세무신고를 하지 않음으로 인해 세무당국으로부터 거액의 과태료를 부과 당하거나 또는 세무등기 말소절차를 진행할 수 없는 경우가 적지 않게 존재합니다. 참고로 세무등기 말소절차를 진행할 수 없으면 회사등기기관에 현지법인 말소등기 신청을 제출할 수 없습니다.

2. 회계자료 분실

현지법인이 평소에 서류관리를 게을리하여 중요한 회계자료를 분실하면 청산절차에 있어서 큰 어려움을 겪게 됩니다. 예컨대 파산청산절차에 있어서 법원은 회계감사기구를 지정하여 현지법인에 대해 다시 회계 감사를 진행하게 되는데 중요한 회계자료를 제공할 수 없으면 파산 절차를 추진할 수 없는 곤경에 빠질 수도 있습니다.

3. 종업원 정리

파산청산이나 해산청산에 있어서 현지법인이 종업원 정리업무를 원만 하게 처리하였는지 여부는 법원이나 회사등기기관이 청산 허가 결정을 내리는 데 있어서 중요한 판단요소로 됩니다. 실무상에서 종업원들에게 중국법의 규정에 따른 퇴직금 지급을 약속하였음에도 불구하고 단체적 으로 엄청난 금액의 보상을 요구할 뿐만 아니라 어처구니없는 잔업 수당을 요구하는 경우도 적지 않습니다. 따라서 종업원 인수가 비교적 많은 현지법인일 경우에는 비밀리에 청산계획을 세우고 일정한 기간을 거쳐 단계적으로 인원정리를 추진하여 가능한 종업원들이 단체행동에 나서는 것을 방지하는 것이 포인트입니다.

4. 중국인 관리자의 비협조

현지법인 철수에 있어서 필요한 종업원 정리, 회계감사 등 업무에는 중국인 관리자의 협조가 필수적입니다. 특히 인사업무와 회계업무를 책임진 중국인 관리자가 현지법인의 철수업무에 적극적으로 협력하는지 여부는 철수업무의 승패를 결정하는 중요한 요소의 하나입니다. 따라서 해당 업무를 책임진 중국인 관리자와는 평소부터 우호적인 관계를 유지해야 할 뿐만 아니라 경우에는 철수업무 수행에 대해 일정한 인센티브를 약속할 필요도 있습니다.

5. 중국측 투자자의 비협조

일반적으로 합자계약서 또는 정관에 "합자회사의 해산은 모든 투자자가 동의하여야 한다"고 규정하는 경우가 많기에 중국측 투자자가 동의하지 않으면 합자회사를 해산하지 못하게 됩니다. 따라서 합자계약서에는 향후 발생할 수 있는 해산 관련 분쟁에 대비해 해산사유에 관한 여러 가지 명확한 규정을 두는 것이 적절합니다.

Q111 현지법인 청산업무에 소요되는 기간은?

A111 중국법에는 파산청산업무나 해산청산업무의 기한에 대한 규정이 없습니다.

다만, 해산청산에 있어서 법원이 청산업무를 접수하였을 경우에는 청산팀 설립일로부터 6개월 내에 청산을 종료하여야 합니다.

실무상에서 파산청산업무에 소요되는 기간은 적어도 1년 이상, 해산청산업무에 소요되는 기간은 적어도 6개월 이상으로 예상하는 것이 적절합니다.

참고로 현재 저희 사무소가 대리하고 있는 모 한국패션회사 상하이 현지법인의 파산청산업무는 1년 반이 경과하여도 종료되지 않은 상황이며, 과거에 저희 사무소가 대리했던 모 한국외식업체 베이징 현지법인의 해산청산업무는 1년 정도의 시간이 걸렸습니다.

요컨대 현지법인의 설립은 상대적으로 쉬운 일이지만 철수는 엄청 어려운 일이라는 점 기억하기 바랍니다.

Q112 현지법인을 방치하면 어떤 법적 책임이 발생하는지?

A112 적법한 절차에 따라 현지법인을 철수하지 않고 방치하면 한국본사 또는 현지법인의 법인대표에게 다음과 같은 법적 책임이 발생할 수 있습니다.

1. 민사상의 책임

다음과 같은 상황의 하나에 해당할 경우, 현지법인의 채권자는 한국 본사에 손해배상을 청구할 수 있음.

- 현지법인이 규정된 기한 내에 청산업무를 진행하지 않음으로 인해 현지법인의 재산이 평가절하·유실·훼손 또는 멸실된 경우

- 현지법인의 주요한 재산, 회계서류, 중요한 문서 등이 멸실되어 청산을 진행할 수 없을 경우

- 현지법인이 청산절차를 진행하지 않고 회사등기기관에 말소등기를 하였을 경우

2. 행정상의 책임

현지법인을 방치함으로 인해 회사등기기관이 사업자등록증을 취소하면 그 법인대표 및 한국본사에는 다음과 같은 행정상의 법률 리스크가 발생할 수 있음.

- 현지법인의 법인대표는 사업자등록증을 취소당한 날로부터 3년 내에 다른 현지법인의 동사·감사 및 고급관리인원을 담당할 수 없음

- 한국본사가 중국 내에서 다른 현지법인을 설립할 때 중국정부로부터 여러 가지 제한을 받을 수 있음

3. 형사상의 책임

현지법인을 철수하지 않고 방치한 후, 현지법인에 남아 있던 관리자나 직원들이 현지법인의 명의로 범죄행위를 하였을 경우에는 현지법인의 법인대표도 중국 사법당국으로부터 형사상의 책임을 추궁 받을 가능성이 있음.

4. 한국에서의 책임

현지법인을 적법한 절차에 따라 철수하지 않고 방치하면, 한국본사는 한국정부로부터 세법 또는 외환관리법 위반을 이유로 처벌받을 수 있음.

구체적인 법률근거 회사법 적용에 관한 최고법원의 규정(2) 제18조, 제20조 제1항
회사법 제146조 제1항 제4호

제3편
대표처

제3편
대표처

Q113 대표처 설립등기 절차는 어떻게 되는지?

A113 한국기업이 중국 베이징시에서 대표처[28]를 설립할 경우, 그 등기기관은 베이징시 시장감독관리국입니다.

참고로 베이징시 정부의 공식 사이트에 게재된 가이드라인에 의하면 대표처 설립등기 절차의 개요는 다음과 같습니다.

순번	절차	기한	심사기준	비고
1	서류접수	1근무일	서류가 완비되고 규정된 형식에 부합하여야 함	창구에 직접 제출하거나 온라인방식으로 제출할 수 있음
2	심사 및 결정	1근무일	서류가 완비되고 규정된 형식에 부합하여야 함	서류의 내용과 형식이 모두 규정에 부합될 경우에는 허가 결정을 내림
3	대표처 등기증 발급 및 송부	1근무일	대표처 설립을 허가하면 〈대표처 등기증〉을 발급함	창구에서 직접 발급받거나 우편으로 송부 받을 수 있음

실무상에서 대표처 설립등기는 한국에서의 서류 준비작업에 비교적 많은 시간이 걸립니다.

아울러 대표처 설립등기 서류에 내용상 또는 형식상의 하자가 있어 수정해야 하는 경우도 있기에 등기업무에 소요되는 기간은 위 도표에 기재된 기한보다 훨씬 길어질 가능성이 있습니다.

그 밖에, 대표처 설립등기 절차는 지역별로 다소 차이가 있을 수 있고 시간이 흐름에 따라 요구사항에도 일정한 변화가 있을 수 있기에 미리 현지의 대리업체를 통해 관할 회사등기기관에 확인하는 것이 적절합니다.

---

28) 대표처에 대한 해석은 Q8 답변 내용을 참조하여 주십시오.

Q114 대표처의 등기사항은 어떤 것인지?

A114 대표처의 등기사항은 다음과 같습니다.

① 대표처 명칭

② 수석대표 성명

③ 업무범위

④ 주재장소

⑤ 주재기한

⑥ 외국기업의 명칭 및 그 주소

📖 **구체적인 법률근거** 대표처 등기관리조례 제9조

Q115 대표처 등기증은 어떤 것인지?

A115 한국기업이 중국 베이징시에 대표처를 설립할 경우, 그 대표처 등기증은 베이징시 시장감독관리국에서 발급하며 등기증 샘플은 다음과 같습니다.

[한글 번역본]

<table>
<tr><td>

외국(지역)기업 상주대표기구 등기증

통일사회신용코드: XXXXXXXXXX

당해 대표기구는 심사확인을 거쳐 등기를 허가하며, 이 등기증을 발급한다.

대표기구는 매년 3월1일부터 6월30일까지 등기기관에 연도보고서를 제출하여야 한다.

</td><td>

번호: No.1000409

대표처 명칭(중문): XXXXXXXXXX
수석대표 성명: XXXXXXXXXX
업무범위: XXXXXXXXXX
주재장소: XXXXXXXXXX
외국(지역)기업 명칭: XXXXXXXXXX
주재기한: XX년XX월XX일부터
　　　　　　XX년XX월XX일까지

베이징시 시장감독관리국 (인)
XX년XX월XX일

</td></tr>
</table>

Q116 대표처 설립등기 절차에 필요한 서류는?

A116 한국기업이 중국 베이징시에서의 대표처 설립등기 절차에 있어서 제출해야 하는 서류 및 정보 리스트는 다음과 같습니다.

순번	서류명칭	부수	비고
1	대표처 설립등기 신청서	1부	- 규정된 서식이 있음 - 신청서에 기재된 설명에 따라 수석대표 예정자 또는 한국기업이 서명·날인하여야 함
2	한국기업의 사업자등록증 사본 및 등기부등본	1부	- 한국기업이 적법하게 2년 이상 운영되었음을 증명할 수 있어야 함 - 한국에서의 공증·인증 절차가 필요함
3	한국기업의 정관 사본	1부	한국에서의 공증·인증 절차가 필요함
4	한국기업이 대표처의 수석대표 및 대표에 대한 임명장	1부	한국에서의 공증·인증 절차가 필요함
5	수석대표 및 대표의 여권 사본	1부	한국에서의 공증·인증 절차가 필요함
6	수석대표 및 대표의 여권용 컬러 증명사진	3장	

순번	서류명칭	부수	비고
7	수석대표 및 대표의 이력서	1부	만 18세부터 현재까지 공백기간 없이 기재하여야 함
8	한국기업의 예금잔액증명서	1부	한국에서의 공증·인증 절차가 필요함
9	대표처 등기서류에 서명하는 인원에 대한 한국기업의 위임장	1부	한국에서의 공증·인증 절차가 필요함
10	대표처 사무실 임대차계약서 및 부동산권리증서 사본	1부	부동산 권리자가 서명 또는 날인하여야 함
11	회사등기기관에서 요청하는 기타 서류		

대표처 설립등기 절차에 필요한 서류는 지역별로 다소 다를 수도 있고 시간이 흐름에 따라 일정한 변화도 있을 수 있기에 미리 현지의 대리 업체를 통해 회사등기기관에 확인하시기 바랍니다.

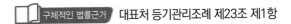 구체적인 법률근거 대표처 등기관리조례 제23조 제1항

Q117 대표처는 몇 명의 대표를 임명할 수 있는지?

A117 한국기업이 중국에 대표처를 설립할 경우에는 적어도 1명의 수석대표를 임명하여야 하며, 업무수요에 의해 1명 내지 3명의 일반 대표를 임명할 수도 있습니다.

수석대표와 일반대표는 모두 중국 내에 상주해야 하며 중국 세무당국에 개인소득세를 납부할 의무가 있습니다.

 구체적인 법률근거 대표처 등기관리조례 제11조

Q118 중국인은 대표처의 수석대표 또는 일반대표를 담당할 수 있는지?

A118 가능합니다.

중국법에는 대표처의 수석대표 또는 일반대표를 반드시 외국인이 담당해야 한다는 규정이 없기에 외국기업은 자체적인 판단에 의해 중국인을 대표처의 수석대표 또는 일반대표로 임명할 수도 있습니다.

Q119 대표처는 어떤 업무에 종사할 수 있는지?

A119 대표처는 외국기업이 중국 내에 설립한 기구로서 해당 외국기업의 업무와 관련된 비영리활동에 종사할 수 있는 바, 그 업무범위는 구체적으로 다음과 같습니다.

① 해당 외국기업의 제품 또는 서비스와 관련된 시장조사, 전시 및 홍보

② 해당 외국기업의 제품판매, 서비스제공, 중국 내의 조달 및 투자와 관련된 업무연락

그 밖에, 대표처가 위 활동을 전개함에 있어서 중국법의 규정에 의해 반드시 허가 받아야 하는 일부 항목에 대해서는 먼저 주관부서에 인허가 절차를 밟아야 합니다.

📖 **구체적인 법률근거** 대표처 등기관리조례 제13조 제1항, 제14조

Q120 대표처는 중국에서 세금을 납부해야 하는지?

A120 납부하여야 합니다.

대표처는 비록 중국에서 직접적으로 영리활동에 종사할 수 없지만 외국기업이 대표처의 업무활동에 의해 중국으로부터 수익을 얻을 수 있다는 관점에서 중국정부는 대표처에 대해 기업소득세, 증치세[29] 등 세금을 징수합니다.

그 밖에, 대표처는 그 수석대표 및 일반대표의 개인소득세를 원천징수 하여야 합니다.

Q121 대표처는 직접 중국인 직원을 채용할 수 있는지?

A121 직접 채용할 수 없습니다.

중국법의 규정에 따르면 대표처가 중국인 직원을 초빙할 경우에는 반드시 외국업체에 관련 서비스를 제공할 수 있는 전문 인력파견회사를 통해 초빙하여야 합니다.

즉, 대표처가 초빙하고자 하는 중국인 직원을 내정한 후 해당 직원은 관련 인력파견회사와 근로계약을 체결하고 인력파견회사로부터 대표처에 파견되어 근무하는 형식입니다.

대표처는 인력파견회사를 통해 중국인 직원의 급여를 지급하는 외에, 인력파견회사에 일정한 금액의 서비스비용도 지불해야 합니다.

참고로 중국에서 규모가 가장 큰 외국업체 관련 전문 인력파견회사는 베이징 외국기업인력자원 서비스유한회사(北京外企人力資源服务有限公司, 'FESCO'라고 약칭함)인데, 이 회사는 중국 500강 기업에 들어가는 국유기업으로서 전국의 주요 대도시에 지사가 설치되어 있습니다.

---

29) 한국의 부가세에 해당하는 세금입니다.

📖 구체적인 법률근거 외국기업 상주 대표기구 관리에 관한 국무원의 임시규정
제11조
외국기업 상주 대표기구의 중국인 직원 초빙에 관한
베이징시 인민정부의 관리규정 제5조 및 제6조

Q122 대표처의 등기사항이 변경되면 어떤 절차가 필요한지?

A122 대표처의 등기사항이 변경되었을 경우, 외국기업은 해당 등기사항 변경
일로부터 60일 내에 회사등기기관에 변경등기를 신청하여야 합니다.

회사등기기관은 신청 접수일로부터 10일 내에 변경등기 허가 여부를
결정합니다.

회사등기기관이 변경등기를 허가하는 결정을 하였을 경우에는 해당
결정을 한 날로부터 5일 내에 등기증과 대표증을 교체 발급하며, 변경
등기를 거절하는 결정을 하였을 경우에는 해당 결정을 한 날로부터
5일 내에 변경등기거절 통지서를 발급하고 그 이유를 설명합니다.

아울러 대표처가 주재기한이 만료된 후에도 계속하여 업무활동에
종사하고자 할 경우, 외국기업은 주재기한 만료 전 60일 내에 회사
등기기관에 변경등기를 신청하여야 합니다.

📖 구체적인 법률근거 대표처 등기관리조례 제26조, 제27조, 제28조, 제30조

Q123 외국기업의 특정사항이 변경되면 어떤 절차가 필요한지?

외국기업이 대표처를 설립한 후, 다음과 같은 사항이 변경될 경우에는 해당 사항의 변경일로부터 60일 내에 대표처를 등기한 원 회사등기기관에 신고하여야 합니다.

① 서명권자

② 기업형식

③ 자본금

④ 경영범위

⑤ 법인대표

📖 **구체적인 법률근거** 대표처 등기관리조례 제31조

Q124 대표처는 어떻게 말소하는지?

A124 다음 각 호의 상황이 발생할 경우, 외국기업은 해당 상황이 발생한 날로부터 60일 내에 관할 회사등기기관에 말소등기를 신청하여야 합니다.

① 외국기업이 대표처를 철수하기로 결정한 경우

② 대표처의 주재기한이 만료되고 더 이상 업무활동에 종사하지 않을 경우

③ 외국기업이 종료된 경우

④ 대표처가 법에 따라 취소되거나 폐업 명령을 받은 경우

아울러 외국기업은 대표처의 말소등기 신청에 있어서 관할 회사등기기관에 다음과 같은 서류를 제출하여야 합니다.

① 대표처 말소등기 신청서

② 대표처 세무등기 말소증명서

③ 세관 및 외환관리부서에서 발급한 관련 사항이 이미 정리되었음을
증명하는 서류 또는 대표처에 해당 사항이 없음을 증명하는 서류

④ 회사등기기관에서 요청하는 기타 서류

회사등기기관은 신청을 접수한 날로부터 10일 내에 말소등기 허가
여부를 결정합니다.

회사등기기관이 말소 허가 결정을 하였을 경우에는 해당 결정을 한
날로부터 5일 내에 말소허가 통지서를 발급하고 등기증과 대표증을
회수하며, 말소 불허 결정을 하였을 경우에는 해당 결정을 한 날로부터
5일 내에 말소거절 통지서를 발급하고 그 이유를 설명합니다.

실무상에서 대표처의 세무등기 말소절차에는 많은 시간이 걸립니다.
과거에 저희들이 대리하였던 모 일본회사의 대표처 철수업무도 세무
등기 말소절차에만 1년 정도의 시간이 걸렸습니다.

현재 대표처 철수업무는 과거에 비해 다소 효율적으로 진행되고 있지만,
그래도 완료까지 6개월 이상의 기간을 예상하여 두는 것이 적절합니다.

📖 구체적인 법률근거 대표처 등기관리조례 제32조, 제33조, 제34조

Q125 | 대표처를 방치하면 어떤 법적 책임이 발생하는지?

A125 대표처는 법인자격이 없으며, 말 그대로 중국에서 해당 외국기업을
대표하는 기구입니다.

따라서 대표처의 행위는 해당 대표처를 설립한 외국기업의 행위로 간주
되며, 대표처를 방치함으로 인해 발생하는 모든 민사상 또는 형사상의
법적 책임은 해당 외국기업이 부담하여야 합니다.

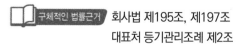 구체적인 법률근거 회사법 제195조, 제197조
대표처 등기관리조례 제2조

제4편
영업소

제4편
영업소

Q126 외국기업은 어떤 경우에 영업소를 등기하여야 하는지?

A126 외국기업이 중국 내에서 다음과 같은 경영활동에 종사할 경우에는 주관부서의 허가를 받은 후 30일 내에 성급(省級) 회사등기기관에 영업소 등기를 신청하여야 합니다.

① 육지·해양의 석유 및 기타 광물자원의 탐사·개발

② 가옥·토목공사의 건설, 인테리어 또는 회로·파이프·설비의 설치 등 공사도급

③ 외국인투자기업의 청부 또는 수탁경영

④ 외국은행의 중국지점 설립

⑤ 중국정부가 허가하는 기타 경영활동

회사등기기관은 상기 신청을 접수한 날로부터 30일 내에 허가 여부를 결정하여야 하며, 등기를 허가할 경우에는 외국기업에 사업자등록을 발급합니다.

그 밖에, 외국기업이 중국 내자기업을 청부하여 경영할 경우에도 외국기업 등기관리방법의 관련 규정을 참조하여 회사등기기관에 영업소를 등기하여야 합니다.

📖 구체적인 법률근거 외국기업 등기관리방법 제2조, 제3조, 제4조, 제7조, 제17조 제2항

Q127	영업소 등기는 어떤 서류를 제출해야 하는지?

A127 베이징시 정부의 공식 사이트에 게재된 가이드라인에 의하면 외국 기업이 중국 베이징시에서 영업소를 등기할 경우에는 베이징시 시장 감독관리국에 다음과 같은 서류를 제출하여야 합니다.

순번	서류명칭	비고
1	등기신청서	외국기업의 법인대표가 서명하여야 함
2	주관부서의 허가서류 또는 소개장	- 외국기업이 공사를 도급할 경우에는 베이징시 건설위원회의 허가서류 - 외국 금융기업 또는 보험기업일 경우에는 중국 은행·보험 감독관리위원회의 허가서류 - 외국기업이 광물자원의 탐사·개발업무에 종사 할 경우에는 중국측 사업파트너의 소개장
3	프로젝트계약서	- 광물자원의 탐사·개발, 공사도급, 외국인투자 기업의 청부 또는 수탁경영 등 업무에 종사하는 외국기업은 프로젝트계약서(적요)를 제출해야 하며, 해당 서류에는 경영활동에 필요한 총비용 이 명시되어야 함 - 외국 금융기업 또는 보험기업은 제출할 필요가 없음
4	외국기업의 사업자등록증 사본	소재국에서의 공증·인증 절차가 필요함
5	외국기업의 자금신용증명	- 외국기업의 거래은행으로부터 예금잔액증명서 를 발급받아야 함 - 외국 금융기업 또는 보험기업은 제출할 필요가 없음
6	외국기업의 법인대표가 서명·날인한 영업소 책임 자 임명장	
7	영업소 책임자의 이력서	만 18세부터 현재까지 공백기간 없이 작성하여야 함
8	영업소 책임자의 여권 사본	소재국에서의 공증·인증 절차가 필요함
9	외국기업의 출자검사보고서	외국 금융기업 또는 보험기업에 제한함
10	외국기업의 정관 및 이사 회 구성원 리스트	외국 금융기업 또는 보험기업에 제한함
11	영업소 주소 사용증명서	사무실 임대계약서, 부동산권리증서 사본 등
12	보충정보등기표	규정된 서식이 있음
13	회사등기기관이 요청하는 기타 서류	

📖 **구체적인 법률근거** 외국기업 등기관리방법 제5조

A128 영업소의 등기사항에는 주요하게 다음과 같은 내용이 포함됩니다.

① **기업명칭**

- 외국기업의 사업자등록증에 기재된 명칭으로서 프로젝트계약서에 기재된 명칭과 일치하여야 함

- 외국은행이 중국에 지점을 설립할 경우에는 〈본사명칭+지역명칭+지점(分行)〉형식을 채택하여야 함(예컨대 XXX은행 베이징 지점)

② **기업유형**

- 외국기업이 중국 내에서 종사하고자 하는 경영활동에 따라 분류하며, 주요하게 광물자원 탐사·개발, 공사도급, 외자은행, 경영관리 청부 등으로 분류됨

③ **기업주소**

- 외국기업이 중국 내에서 경영활동에 종사하는 장소를 말하며, 등기주소와 경영장소가 일치하지 않을 경우에는 회사등기기관에 신고하여야 함

④ **기업책임자**

- 외국기업의 법인대표가 위임하여 파견한 프로젝트 책임자를 말함

⑤ **자금액**

- 외국기업의 중국 내 경영활동에 필요한 총비용을 말함(예컨대 공사도급계약의 계약금액, 수탁경영 기한 내의 누계 관리비용, 광물자원 탐사·개발 및 생산 관련 비용, 외국은행 중국지점의 운영자금 등)

⑥ **경영범위**

- 외국기업이 중국 내에서 종사하고자 하는 사업의 범위를 말함

⑦ **경영기한**

- 외국기업이 중국 내에서 경영활동에 종사하는 기한을 말함

영업소의 상기 등기사항이 변경될 경우, 외국기업은 30일 내에 회사 등기기관에 변경등기를 신청하여야 합니다.

📖 **구체적인 법률근거** 외국기업 등기관리방법 제6조

A129 회사등기기관은 외국기업이 중국 내에서 종사하고자 하는 경영활동의 유형에 따라 다음과 같이 영업소 사업자등록증 유효기간을 확정합니다.

① **광물자원 탐사·개발에 종사하는 외국기업일 경우**

- 탐사·개발 및 생산 단계에 필요한 사업기간에 의해 확정함

② **외국은행이 설립한 지점일 경우**

- 유효기간은 30년이며, 30년에 한 번씩 사업자등록증을 교체하여 발급함

③ **기타 경영활동에 종사하는 외국기업일 경우**

- 프로젝트계약서에 규정된 경영기한에 의해 확정함

📖 구체적인 법률근거 외국기업 등기관리방법 제8조

Q130 영업소 사업자 등록증은 어떻게 말소하는지?

A130 외국기업이 영업소 사업자등록증 유효기간이 만료되었지만 갱신등기를 하지 않거나 또는 기한을 앞당겨 프로젝트계약을 종료할 경우에는 다음과 같은 서류를 원 회사등기기관에 제출하여 말소등기 절차를 밟아야 합니다.

① 외국기업의 법인대표가 서명한 말소등기 신청서

② 영업소 사업자등록증 및 인감

③ 세관 및 세무부서에서 발급한 세금완납증명서

④ 프로젝트 주관부서에서 발급한 말소등기신청 허가서류

회사등기기관이 말소등기를 허가한 경우에는 영업소의 사업자등록증과 인감을 회수하고 등기번호를 취소함과 동시에 은행·세무·세관 등 관련부서에 통지합니다.

📖 구체적인 법률근거 외국기업 등기관리방법 제12조

부 록

한글 약칭	중문 명칭	시행일
민법전	中华人民共和国民法典	2021.01.01
회사법	中华人民共和国公司法	2018.10.26
외국인투자법	中华人民共和国外商投资法	2020.01.01
외국인투자법 실시조례	中华人民共和国外商投资法实施条例	2020.01.01
외국인투자 진입 네거티브리스트	外商投资准入特别管理措施 (负面清单)	2020.07.23
민사소송법	中华人民共和国民事诉讼法	2017.06.27
형법	中华人民共和国刑法	2017.11.04
출입국관리법	中华人民共和国出境入境管理法	2013.07.01
환경보호법	中华人民共和国环境保护法	2015.01.01
노동계약법	中华人民共和国劳动合同法	2013.07.01
기업파산법	中华人民共和国企业破产法	2007.06.01
회사등기 관리조례	中华人民共和国公司登记管理条例	2016.02.06
회사등록자본금 등기 관리규정	公司注册资本登记管理规定	2014.03.01
회사법 적용에 관한 최고법원의 규정(2)	最高人民法院关于适用《中华人民共和国公司法》若干问题的规定 (二)	2021.01.01
기업명칭등기 관리규정	企业名称登记管理规定	2013.01.01
기업명칭등기 관리실시방법	企业名称登记管理实施办法	2004.07.01
기업법인 등기관리조례 시행세칙	中华人民共和国企业法人登记管理条例施行细则	2020.10.23
개인사업자조례	个体工商户条例	2016.02.06
외국인투자 동업기업 등기관리규정	外商投资合伙企业登记管理规定	2019.08.08
외자은행 관리조례	中华人民共和国外资银行管理条例	2019.09.30
외자보험회사 관리조례	中华人民共和国外资保险公司管理条例	2019.09.30
대표처 등기관리조례	外国企业常驻代表机构登记管理条例	2018.09.18
외국기업 상주 대표기구 관리에 관한 국무원의 임시규정	国务院关于管理外国企业常驻代表机构的暂行规定	1980.10.30
외국기업 상주 대표기구의 중국인 직원 초빙에 관한 베이징시 인민정부의 관리규정	北京市人民政府关于外国企业常驻代表机构聘用中国雇员的管理规定	1998.01.01
외국기업 등기관리방법	外国 (地区) 企业在中国境内从事生产经营活动登记管理办法	2020.10.23

제1장 총칙

제1조 회사의 조직과 행위를 규범화하고 회사, 주주 및 채권자의 합법적 권익을 보호하며 사회경제질서를 수호하고 사회주의 시장경제의 발전을 추진하기 위하여 이 법을 제정한다.

제2조 이 법에서 '회사'라 함은 이 법에 따라 중국 경내에 설립한 유한 책임회사와 주식유한회사를 말한다.

제3조 ①회사는 기업법인으로서 독립적인 법인재산을 가지며 법인재산 권을 향유한다. 회사는 그 모든 재산으로 회사의 채무에 대해 책임을 부담한다. ②유한책임회사의 주주는 자신이 납입하기로 약속한 출자금을 한도로 회사에 대해 책임을 부담한다. 주식유한회사의 주주는 자신이 인수한 주식을 한도로 회사에 대해 책임을 부담한다.

제4조 회사의 주주는 법에 따라 자산 수익권, 중대한 의사결정 참여권 및 관리자 선택권 등 권리를 향유한다.

제5조 ① 회사는 경영활동에 종사함에 있어서 반드시 법률·행정법규를 준수하고 사회공중도덕, 상업도덕 및 신의성실의 원칙을 준수하며 정부와 사회공중의 감독을 받고 사회적 책임을 부담하여야 한다. ② 회사의 합법적 권익은 법률의 보호를 받으며 침범되지 아니한다.

제6조 ① 회사를 설립할 경우에는 법에 따라 회사등기기관에 설립등기를 신청하여야 한다. 이 법에 규정된 설립조건에 부합할 경우, 회사등기 기관은 유한책임회사 또는 주식유한회사로 각각 등기한다. 이 법에 규정된 설립조건에 부합하지 않을 경우에는 유한책임회사 또는 주식유한 회사로 등기하여서는 아니된다. ② 법률·행정법규의 규정에 의해 회사 설립에 대해 반드시 신청하여 허가를 받아야 할 경우에는 회사등기 전에 법에 따라 허가절차를 밟아야 한다. ③ 공중은 회사등기기관에 회사등기

사항의 조회를 신청할 수 있으며 회사등기기관은 조회 서비스를 제공하여야 한다.

제7조 ① 회사등기기관은 법에 따라 설립된 회사에 사업자등록증을 발급한다. 사업자등록증의 발급일자는 회사의 설립일자로 된다. ② 사업자등록증에는 회사의 명칭, 주소, 등록자본금, 경영범위, 법인대표의 성명등 사항이 명기되어야 한다. ③ 사업자등록증에 기재된 사항이 변경되었을 경우, 회사는 법에 따라 변경등기 절차를 진행해야 하며 회사등기기관은 새로운 사업자등록을 발급한다.

제8조 ① 이 법에 따라 설립된 유한책임회사는 반드시 회사명칭에 '유한책임회사' 또는 '유한회사'라는 문구를 표기하여야 한다. ② 이 법에 따라 설립된 주식유한회사는 반드시 회사명칭에 '주식유한회사' 또는 '주식회사'라는 문구를 표기하여야 한다.

제9조 ① 유한책임회사를 주식유한회사로 변경할 경우에는 이 법에 규정된 주식유한회사의 조건에 부합되어야 한다. 주식유한회사를 유한책임회사로 변경할 경우에는 이 법에 규정된 유한책임회사의 조건에 부합되어야 한다. ② 유한책임회사를 주식유한회사로 변경하거나 주식유한회사를 유한책임회사로 변경할 경우, 회사의 변경 전의 채권·채무는 변경 후의 회사가 승계한다.

제10조 회사는 그 주요 사무기구의 소재지를 주소로 한다.

제11조 회사설립에 있어서는 반드시 법에 따라 정관을 제정하여야 한다. 정관은 회사, 주주, 동사, 감사, 고급관리인원에 대해 구속력을 가진다.

제12조 ① 회사의 경영범위는 정관에 규정하고 또한 법에 따라 등기한다. 회사는 정관을 개정하여 경영범위를 변경할 수 있으나 변경등기 절차를 밟아야 한다. ② 회사의 경영범위 중에 법률·행정법규의 규정에 의해 허가를 받아야 하는 항목이 있을 경우에는 법에 따라 허가를 받아야 한다.

제13조 회사의 법인대표는 정관의 규정에 의해 동사장, 집행동사 또는 총경리가 담당하며 법에 따라 등기하여야 한다. 회사의 법인대표가 변경될 경우에는 변경등기 절차를 밟아야 한다.

제14조 ① 회사는 지사를 설립할 수 있다. 지사를 설립할 경우에는 회사 등기기관에 등기를 신청하고 사업자등록증을 수령해야 한다. 지사는 법인격을 가지지 않으며, 그 민사상의 책임은 회사가 부담한다. ② 회사는 자회사를 설립할 수 있다. 자회사는 법인격을 가지며 법에 따라 독립적으로 민사상의 책임을 부담한다.

제15조 회사는 기타 기업에 투자할 수 있다. 다만, 법률에 별도의 규정이 있는 외에 투자기업의 채무에 대해 연대책임을 부담하는 출자인으로 되어서는 아니된다.

제16조 ① 회사가 기타 기업에 투자하거나 타인에게 담보를 제공할 경우에는 정관의 규정에 따라 동사회 또는 주주회, 주주총회가 의결하여야 한다. 정관에 투자 또는 담보의 총액 및 단일 투자 또는 담보의 액수에 대한 한도액 규정이 있을 경우에는 그 한도액을 초과해서는 아니된다. ② 회사가 그 주주 또는 실제지배자를 위해 담보를 제공할 경우에는 반드시 주주회 또는 주주총회의 의결을 거쳐야 한다. ③ 전항에 규정된 주주 또는 전항에 규정된 실제지배자의 지배를 받는 주주는 전항에 규정된 사항의 의결에 참가해서는 아니된다. 당해 의결은 회의에 출석한 기타 주주가 보유하고 있는 의결권의 과반수 동의로 통과된다.

제17조 ① 회사는 반드시 종업원의 합법적 권익을 보호하고 법에 따라 종업원과 노동계약을 체결하고 사회보험에 가입하며 노동보호를 강화하고 안전한 생산을 실시하여야 한다. ② 회사는 여러 가지 형식으로 회사 종업원에 대한 직업교육과 직무훈련을 강화하여 종업원의 자질을 제고하여야 한다.

제18조 ① 회사의 종업원은 「중화인민공화국 노동조합법」에 의해 노동조합을 조직하고 노동조합활동을 전개하며 종업원의 합법적 권익을 수호한다. 회사는 자사 노동조합에 필요한 활동조건을 제공하여야 한다. 회사 노동조합은 종업원을 대표하여 종업원의 노동보수, 근로시간, 복지, 보험 및 노동안전·위생 등 사항에 대해 법에 따라 회사와 단체협약을 체결한다. ② 회사는 헌법과 관련 법률의 규정에 따라 종업원대표대회 또는 기타 형식으로 민주적인 관리를 실시한다. ③회사가 체재개혁 및 경영분야의 중대한 문제를 검토하여 결정하거나 중요한 규장

제도를 제정할 경우에는 회사 노동조합의 의견을 수렴함과 동시에 종업원대표대회 또는 기타 형식으로 종업원들의 의견과 건의를 수렴하여야 한다.

제19조 중국공산당 정관의 규정에 의해 회사 내부에 중국공산당 조직을 설립하고 당의 활동을 전개한다. 회사는 당 조직의 활동에 필요한 조건을 제공하여야 한다.

제20조 ① 회사의 주주는 법률·행정법규 및 정관을 준수하고 법에 따라 주주의 권리를 행사하며 주주권리를 남용하여 회사나 기타 주주의 이익을 침해해서는 아니된다. 주주는 회사의 법인독립지위 및 주주의 유한책임을 남용하여 회사 채권자의 이익을 침해해서는 아니된다. ② 회사의 주주가 주주의 권리를 남용하여 회사 또는 기타 주주에게 손실을 초래하였을 경우에는 법에 따라 손해배상책임을 부담하여야 한다. ③ 회사의 주주가 회사의 법인독립지위 및 주주의 유한책임을 남용하여 채무를 도피하고 회사 채권자의 이익을 심각하게 침해할 경우에는 회사의 채무에 대해 연대책임을 부담하여야 한다.

제21조 ① 회사의 지배주주(控股股东), 실제지배자, 동사, 감사, 고급관리인원은 그 특수관계(关联关系)를 이용하여 회사의 이익을 침해해서는 아니된다. ② 전항의 규정을 위반하여 회사에 손실을 초래하였을 경우에는 손해배상책임을 부담하여야 한다.

제22조 ① 회사 주주회 또는 주주총회, 동사회의 의결내용이 법률·행정법규에 위반될 경우, 해당 의결은 무효이다. ② 주주회 또는 주주총회, 동사회의 회의 소집절차, 의결방식이 법률·행정법규 또는 정관에 위반되거나 의결내용이 정관에 위반될 경우, 주주는 의결한 날로부터 60일 내에 인민법원에 취소청구를 제기할 수 있다. ③ 주주가 전항의 규정에 의해 소송을 제기하였을 경우, 인민법원은 회사의 청구에 따라 주주에게 상응한 담보제공을 요구할 수 있다. ④ 회사가 주주회 또는 주주총회, 동사회의 의결에 따라 이미 변경등기를 완료하였을 경우에는 인민법원이 당해 의결에 대한 무효를 선고하거나 당해 의결을 취소한 후 회사는 회사등기관에 변경등기의 취소를 신청하여야 한다.

제2장 유한책임회사의 설립 및 조직기구

제1절 설립

제23조 유한책임회사의 설립은 다음 각 호의 조건을 구비하여야 한다.
1. 주주의 수가 법정 인원수에 부합함
2. 정관의 규정에 부합되는 전체 주주가 납입하기로 약속한 출자금이 있음
3. 주주가 공동으로 정관을 제정함
4. 회사의 명칭이 있고 유한책임회사의 요구에 부합되는 조직기구를 설치함
5. 회사의 주소가 있음

제24조 유한책임회사는 50인 이하의 주주가 출자하여 설립한다.

제25조 ① 유한책임회사의 정관에는 다음 각 호의 사항을 명기하여야 한다.
1. 회사의 명칭 및 주소
2. 회사의 경영범위
3. 회사의 등록자본금
4. 주주의 성명 또는 명칭
5. 주주의 출자방식, 출자금 및 출자기한
6. 회사의 기구 및 그 설치방법, 권한, 의사규칙
7. 회사의 법인대표
8. 주주회회의가 규정할 필요가 있다고 인정하는 기타 사항
② 주주는 정관에 서명·날인하여야 한다.

제26조 ① 유한책임회사의 등록자본금은 회사등기기관에 등기한 전체 주주가 납입하기로 약속한 출자금을 말한다. ② 법률·행정법규 및 국무원의 결정에 유한책임회사 등록자본금의 실제 납입, 등록자본금의 최저 한도액에 대한 별도의 규정이 있을 경우에는 그 규정에 따른다.

제27조 ① 주주는 화폐로 출자할 수도 있고 현물, 지식재산권, 토지사용권 등 화폐로 평가할 수 있고 또한 법에 따라 양도 가능한 비화폐재산을 평가하여 출자할 수도 있다. 그러나 법률·행정법규의 규정에 의해

출자로 할 수 없는 재산은 제외한다. ② 출자로 하는 비화폐재산에 대해서는 평가하여 가격을 정하고 재산을 확인해야 하며 가격을 높게 또는 낮게 평가하여서는 아니된다. 법률·행정법규에 평가 및 가격 책정에 관한 규정이 있을 경우에는 그 규정에 따른다.

第28조 ① 주주는 정관에 규정된 각자가 납입하기로 약속한 출자금을 기한대로 완납하여야 한다. 주주가 화폐로 출자할 경우에는 유한책임회사가 개설한 은행계좌에 전액 입금하여야 한다. 비화폐재산으로 출자할 경우에는 법에 따라 그 재산권의 이전 절차를 밟아야 한다. ② 주주가 전항의 규정에 따라 출자를 납입하지 않은 경우에는 회사에 출자를 완납하는 외에 이미 기한대로 출자를 완납한 주주에 대해 위약책임을 부담하여야 한다.

第29조 주주가 정관에 규정된 출자를 전부 인수한 후 전체 주주가 지정한 대표 또는 공동으로 위탁한 대리인이 회사등기기관에 회사등기신청서, 정관 등 서류를 제출하여 설립등기를 신청한다.

第30조 유한책임회사가 설립된 후 회사 설립을 위해 출자한 비화폐재산의 실제 가액이 정관에 규정된 가액보다 현저히 낮은 것을 발견하였을 경우에는 당해 출자를 납입한 주주가 그 차액을 보완해야 하며 회사 설립 시의 기타 주주는 연대책임을 부담하여야 한다.

第31조 ① 유한책임회사는 설립된 후 주주에게 출자증명서를 발급해야 한다. ② 출자증명서에는 다음 각 호의 사항을 명기하여야 한다.
1. 회사 명칭
2. 회사 설립일자
3. 회사 등록자본금
4. 주주의 성명 또는 명칭, 납입한 출자금 및 출자일자
5. 출자증명서의 일련번호 및 발급일자
③ 출자증명서에는 회사가 날인한다.

第32조 ① 유한책임회사는 주주명부를 비치하고 다음 각 호의 사항을 기재하여야 한다.
1. 주주의 성명 또는 명칭 및 주소
2. 주주의 출자금

3. 출자증명서의 일련번호

② 주주명부에 기재된 주주는 주주명부에 의해 주주권리의 행사를 주장할 수 있다. ③ 회사는 주주의 성명 또는 명칭을 회사등기기관에 등기하여야 한다. 등기사항이 변경되었을 경우에는 변경등기를 진행하여야 한다. 등기 또는 변경등기를 하지 않았을 경우에는 제3자에게 대항할 수 없다.

제33조 ① 주주는 정관, 주주회회의록, 동사회 의결서, 감사회 의결서 및 재무회계 보고서를 조회, 복제할 권리가 있다. ② 주주는 회사 회계장부의 조회를 요청할 수 있다. 주주가 회사 회계장부의 조회를 요청할 경우에는 회사에 청구서를 제출하고 그 목적을 설명하여야 한다. 회사가 합리적인 근거에 의해 주주가 회계장부를 조회하는 것이 부정당한 목적을 위한 것이고 회사의 합법적 이익을 침해할 가능성이 있다고 인정한 경우에는 조회요청을 거절할 수 있으며 주주가 청구서를 제출한 날로부터 15일 내에 주주에게 서면으로 답변함과 동시에 그 이유를 설명하여야 한다. 회사가 조회요청을 거절한 경우, 주주는 인민법원에 회사가 조회요청에 응할 것을 명하도록 청구할 수 있다.

제34조 주주는 실제로 납입한 출자의 비율에 따라 이윤을 배당 받는다. 회사가 증자할 경우, 주주는 실제로 납입한 출자의 비율에 따라 우선적으로 출자를 인수할 권리를 가진다. 다만, 전체 주주가 이윤배당 또는 증자의 우선적 인수를 출자비율에 따르지 않기로 약속한 경우는 제외한다.

제35조 회사가 설립된 후 주주는 출자를 빼돌려서는 아니된다.

제2절 조직기구

제36조 유한책임회사의 주주회는 전체 주주들로 구성된다. 주주회는 회사의 권력기구이며 이 법에 따라 권한을 행사한다.

제37조 ① 주주회는 다음 각 호의 권한을 행사한다.

1. 회사의 경영방침과 투자계획을 결정함
2. 종업원대표가 아닌 동사·감사를 선임·경질하고 동사·감사의 보수 관련 사항을 결정함

3. 동사회의 보고를 심의하고 허가함
4. 감사회 또는 감사의 보고를 심의하고 허가함
5. 회사 연도 재무예산방안 및 결산방안을 심의하고 허가함
6. 회사의 이윤배당방안과 결손보전방안을 심의하고 허가함
7. 회사 등록자본금의 증가 또는 감소에 대해 의결함
8. 회사채 발행에 대해 의결함
9. 회사의 합병·분할·해산·청산 또는 회사형태의 변경에 대해 의결함
10. 정관을 개정함
11. 정관에 규정된 기타 권한
② 주주가 전항에 나열된 사항에 대해 서면형식으로 모두 동의할 경우에는 주주회회의를 소집하지 않고 직접 결정할 수 있으며 전체 주주는 의결서류에 서명·날인한다.

제38조 최초의 주주회회의는 최다로 출자한 주주가 소집하고 주최하며 이 법의 규정에 따라 권한을 행사한다.

제39조 ① 주주회회의는 정기회의와 임시회의로 분류된다. ② 정기회의는 정관의 규정에 따라 정해진 시간대로 개최한다. 10% 이상의 의결권을 대표하는 주주, 3분의 1 이상의 동사, 감사회 또는 감사회를 설치하지 않은 회사의 감사가 임시회의 개최를 제안하였을 경우에는 임시회의를 개최하여야 한다.

제40조 ① 유한책임회사가 동사회를 설치한 경우, 동사회가 주주회회의를 소집하고 동사장이 주최한다. 동사장이 직무를 수행할 수 없거나 수행하지 않을 경우에는 부동사장이 주최한다. 부동사장이 직무를 수행할 수 없거나 수행하지 않을 경우에는 반수 이상의 동사가 공동으로 1명의 동사를 추천하여 주최하도록 한다. ② 유한책임회사가 동사회를 설치하지 않은 경우, 집행동사가 주주회회의를 소집하고 주최한다. ③ 동사회 또는 집행동사가 주주회회의를 소집하는 직책을 수행할 수 없거나 수행하지 않을 경우에는 감사회 또는 감사회를 설치하지 않은 회사의 감사가 소집하고 주최한다. 감사회 또는 감사가 소집·주최하지 않을 경우에는 10% 이상의 의결권을 대표하는 주주가 스스로 소집하고 주최할 수 있다.

제41조 ① 주주회회의를 소집할 경우에는 회의 개최 15일 전에 전체 주주에게 통지하여야 한다. 다만, 정관에 별도의 규정이 있거나 전체 주주가 별도로 약정한 경우는 제외한다. ② 주주회는 의결사항에 대해 회의록을 작성하고 회의에 출석한 주주는 회의록에 서명하여야 한다.

제42조 주주회회의는 주주가 출자비율에 따라 의결권을 행사한다. 다만, 정관에 별도의 규정이 있는 경우는 제외한다.

제43조 ① 주주회의 의사방식과 의결절차는 이 법의 규정 외에 정관의 규정에 따른다. ② 주주회회의가 정관의 개정, 등록자본금의 증가 또는 감소에 대한 의결 및 회사 합병·분할·해산 또는 회사형태의 변경에 대해 의결을 할 경우에는 반드시 3분의 2 이상의 의결권을 대표하는 주주의 동의를 거쳐야 한다.

제44조 ① 유한책임회사는 동사회를 설치하며, 그 구성원은 3명 내지 13명이다. 다만, 이 법 제50조에 별도로 규정이 있는 경우는 제외한다. ② 2개 이상의 국유기업 또는 2개 이상의 기타 국유투자주체가 투자하여 설립한 유한책임회사는 그 동사회 구성원 중에 회사의 종업원대표가 포함되어야 한다. 기타 유한책임회사의 동사회 구성원 중에는 회사의 종업원대표가 포함될 수 있다. 동사회 중의 종업원대표는 회사 종업원들이 종업원대표대회, 종업원대회 또는 기타 형식에 의해 민주선거를 통해 선출한다. ③ 동사회는 동사장 1명을 설치하고 부동사장을 설치할 수 있다. 동사장, 부동사장의 선출방식은 정관에 규정한다.

제45조 ① 동사의 임기는 정관의 규정에 따른다. 다만, 매번 임기는 3년을 초과할 수 없다. 동사의 임기가 만료되었지만 재선되었을 경우에는 재임할 수 있다. ② 동사의 임기가 만료되었지만 적시에 새로운 동사를 선임하지 못하였거나 동사가 임기 내에 사직함으로 인해 동사회 구성원 수가 법정 인수보다 적을 경우에는 신임 동사가 취임하기 전까지 전임 동사는 법률·행정법규 및 정관의 규정에 따라 동사 직무를 계속 수행하여야 한다.

제46조 동사회는 주주회에 대해 책임지고 다음 각 호의 권한을 행사한다.
 1. 주주회회의를 소집하고 주주회에 업무를 보고함
 2. 주주회의 의결사항을 집행함

3. 회사의 경영계획과 투자방안을 결정함

4. 회사의 연도 재무예산방안과 결산방안을 입안함

5. 회사의 이윤배당방안과 결손보전방안을 입안함

6. 회사 등록자본금의 증가 또는 감소 및 회사채의 발행방안을 입안함

7. 회사의 합병·분할·해산 또는 회사형태의 변경방안을 입안함

8. 회사의 내부관리기구의 설치를 결정함

9. 회사 총경리의 선임 또는 해임 및 그 보수 관련 사항을 결정하며, 총경리의 지명에 근거하여 회사 부총경리, 재무책임자의 선임 또는 해임 및 그 보수 관련 사항을 결정함

10. 회사의 기본관리제도를 제정함

11. 정관에 규정된 기타 권한

제47조 동사회회의는 동사장이 소집하고 주최한다. 동사장이 직무를 수행할 수 없거나 수행하지 않을 경우에는 부동사장이 소집하고 주최한다. 부동사장이 직무를 수행할 수 없거나 수행하지 않을 경우에는 반수 이상의 동사들이 공동으로 1명의 동사를 추천하여 소집하고 주최하도록 한다.

제48조 ① 동사회의 의사방식과 의결절차는 이 법의 규정 외에 정관의 규정에 따른다. ② 동사회는 의결사항에 대해 회의록을 작성하고 회의에 출석한 동사는 회의록에 서명하여야 한다. ③ 동사회 의결은 1인 1표제를 실시한다.

제49조 ① 유한책임회사는 총경리를 설치할 수 있으며 동사회가 선임 또는 해임을 결정한다. 총경리는 동사회에 대해 책임지고 다음 각 호의 권한을 행사한다.

1. 회사의 생산·경영 관리업무를 주최하고 동사회 의결사항의 실시를 안배함

2. 회사의 연도 경영계획과 투자방안의 실시를 안배함

3. 회사 내부관리기구의 설치방안을 입안함

4. 회사의 기본관리제도를 입안함

5. 회사의 구체적인 규칙(規章)을 제정함

6. 회사 부총경리 및 재무책임자의 초빙 또는 해임을 제청함

7. 동사회가 초빙 또는 해임하는 관리인원 이외의 기타 관리인원을 초빙 또는 해임함

8. 동사회가 부여한 기타 권한

②정관에 총경리의 권한에 대한 별도의 규정이 있을 경우에는 그 규정에 따른다. ③총경리는 동사회회의에 열석한다.

제50조 ①주주 인수가 비교적 적거나 규모가 비교적 작은 유한책임회사는 집행동사 1명을 설치하고 동사회를 설치하지 않을 수 있다. 집행동사는 회사의 총경리를 겸임할 수 있다. ②집행동사의 권한은 정관의 규정에 따른다.

제51조 ①유한책임회사는 감사회를 설치하며 그 구성원은 3명 이상이어야 한다. 주주 인수가 비교적 적거나 규모가 비교적 작은 유한책임회사는 1명 내지 2명의 감사를 설치하고 감사회를 설치하지 않을 수 있다. ②감사회는 주주 대표와 적당한 비율의 종업원대표로 구성되어야 하고, 그 중 종업원대표의 비율은 3분의 1 이상이어야 하며 구체적인 비율은 정관의 규정에 따른다. 감사회 구성원 중의 종업원대표는 회사 종업원들이 종업원대표대회, 종업원대회 또는 기타 형식의 민주선거를 통해 선출한다. ③감사회는 의장 1명을 설치하며 전체 감사의 과반수 동의로 선출된다. 감사회 의장은 감사회회의를 소집하고 주최하며 감사회 의장이 직무를 수행할 수 없거나 수행하지 않을 경우에는 반수 이상의 감사가 공동으로 1명의 감사를 추천하여 감사회회의를 소집하고 주최하도록 한다. ④동사 및 고급관리인원은 감사를 겸임할 수 없다.

제52조 ①감사의 임기는 매번 3년으로 한다. 감사의 임기가 만료되었지만 재선되었을 경우에는 재임할 수 있다. ②감사의 임기가 만료되었지만 적시에 새로운 감사를 선임하지 못하였거나 감사가 임기 내에 사직함으로 인해 감사회 구성원 인수가 법률규정보다 적을 경우에는 신임 감사가 취임하기 전까지 전임 감사는 법률·행정법규 및 정관의 규정에 따라 계속 감사 직무를 수행하여야 한다.

제53조 감사회 및 감사회를 설치하지 않은 회사의 감사는 다음 각 호의 권한을 행사한다.

1. 회사의 재무사항을 검사함
2. 동사 및 고급관리인원에 의한 회사의 직무 수행에 대해 감독을

진행하며 법률·행정법규, 정관 또는 주주회 의결을 위반한 동사 및 고급관리인원에 대해 파면을 제안함

3. 동사 및 고급관리인원의 행위가 회사의 이익에 손해를 끼칠 경우에는 해당 동사 및 고급관리인원에게 시정을 요청함

4. 임시주주회회의의 개최를 제안하며 동사회가 이 법에 규정된 주주회회의 소집 및 주최에 관한 직책을 수행하지 않을 경우에는 직접 주주회회의를 소집하고 주최함

5. 주주회회의에 의안을 제출함

6. 이 법 제151조의 규정에 따라 동사 및 고급관리인원에 대한 소송을 제기함

7. 정관에 규정된 기타 권한

제54조 ① 감사는 동사회회의에 열석할 수 있으며 동사회 의결사항에 대해 질문 또는 건의할 수 있다. ② 감사회, 감사회를 설치하지 않은 회사의 감사가 회사의 경영상황에 이상이 있음을 발견하였을 경우에는 조사를 진행할 수 있으며, 필요할 때에는 회계사사무소 등을 초빙하여 그 업무를 협조하게 할 수 있다. 그 비용은 회사가 부담한다.

제55조 ① 감사회는 매년 적어도 회의를 1회 개최하며 감사는 임시 감사회회의의 개최를 제안할 수 있다. ② 감사회의 의사방식과 의결절차는 이 법에 규정된 것을 제외하고 정관의 규정에 따른다. ③ 감사회 의결은 반수 이상 감사의 동의를 거쳐야 한다. ④ 감사회는 의결사항에 대해 회의록을 작성하고 회의에 출석한 감사는 회의록에 서명하여야 한다.

제56조 감사회 및 감사회를 설치하지 않은 회사의 감사가 권한을 행사함에 있어서 필요한 비용은 회사가 부담한다.

제3절 1인 유한책임회사의 특별규정

제57조 ① 1인 유한책임회사의 설립과 조직기구는 이 절의 규정을 적용하며, 이 절에 규정이 없을 경우에는 이 장 제1절 및 제2절의 규정을 적용한다. ② 이 법에서 '1인유한책임회사'란 오직 1명의 자연인 주주 또는 1개의 법인 주주로 구성된 유한책임회사를 말한다.

제58조 1명의 자연인은 1개의 1인 유한책임회사만 설립할 수 있다. 당해 1인 유한책임회사는 새로운 1인 유한책임회사를 투자하여 설립할 수 없다.

제59조 1인 유한책임회사는 회사등기에 있어서 '자연인독자'(自然人独资) 또는 '법인독자'(法人独资)임을 명시하고 사업자등록증에 이를 명확히 기재하여야 한다.

제60조 1인 유한책임회사의 정관은 주주가 제정한다.

제61조 1인 유한책임회사는 주주회를 설치하지 아니한다. 주주가 이 법 제37조 제1항에 나열된 사항을 결정할 경우에는 서면형식을 채택해야 하며 주주가 서명한 후 회사에 비치하여야 한다.

제62조 1인 유한책임회사는 매 회계연도 종료시에 재무회계보고서를 작성하고 회계사사무소의 회계감사를 받아야 한다.

제63조 1인 유한책임회사의 주주는 회사의 재산이 주주 자신의 재산과 분리되어 있음을 증명하지 못할 경우에는 회사의 채무에 대해 연대책임을 부담하여야 한다.

제4절 국유독자회사의 특별규정

제64조 ① 국유독자회사(国有独资公司)의 설립과 조직기구는 이 절의 규정을 적용한다. 이 절에 규정이 없을 경우에는 이 장 제1절 및 제2절의 규정을 적용한다. ② 이 법에서 '국유독자회사'란 국가가 단독으로 출자하고 국무원 또는 지방 인민정부가 동급 인민정부 국유자산 감독관리기구에 위임하여 출자인의 직책을 수행하도록 하는 유한책임회사를 말한다.

제65조 국유독자회사의 정관은 국유자산 감독관리기구가 제정하거나 동사회가 초안을 작성해 국유자산 감독기구에 제출하여 허가 받는다.

제66조 ① 국유독자회사는 주주회를 설치하지 않으며 국유자산 감독관리기구가 주주회의 권한을 행사한다. 국유자산 감독관리기구는 주주회의 일부 권한을 동사회에 위임하여 회사의 중대한 사항을 결정하도록 할 수 있다. 다만, 회사의 합병·분할·해산, 등록자본금의 증가 또는

감소 및 회사채의 발행은 반드시 국유자산 감독관리기구에서 결정하여야 한다. 그 중, 중요한 국유독자회사의 합병·분할·해산 및 파산신청은 국유자산 감독관리기구가 심사·확인을 진행한 후 동급 인민정부에 보고하여 허가 받아야 한다. ② 전항에서 말하는 '중요한 국유독자회사'는 국무원의 규정에 따라 확정한다.

제67조 ① 국유독자회사는 동사회를 설치하여 이 법 제46조 및 제66조의 규정에 따라 권한을 행사한다. 동사의 매번 임기는 3년을 초과할 수 없다. 동사회 구성원 중에는 회사의 종업원대표가 포함되어야 한다. ② 동사회 구성원은 국유자산 감독관리기구가 위임·파견한다. 다만, 동사회 구성원 중의 종업원대표는 회사의 종업원대표대회에서 선출한다. ③ 동사회는 동사장 1명을 설치하고 부동사장을 설치할 수 있다. 동사장 및 부동사장은 국유자산 감독관리기구가 동사회 구성원 중에서 지정한다.

제68조 ① 국유독자회사는 총경리를 설치하며 총경리는 동사회가 초빙 또는 해임한다. 총경리는 이 법 제49조 규정에 따라 권한을 행사한다. ② 국유자산 감독관리기구의 동의를 거쳐 동사회 구성원은 총경리를 겸임할 수 있다.

제69조 국유독자회사의 동사장, 부동사장, 동사 및 고급관리인원은 국유자산 감독관리기구의 동의 없이 다른 유한책임회사, 주식유한회사 또는 기타 경제조직에서 겸직해서는 아니된다.

제70조 ① 국유독자회사 감사회의 구성원은 5명 이상이어야 하고, 그 중 종업원대표의 비율은 3분의 1 이상이어야 하며 구체적인 비율은 정관의 규정에 따른다. ② 감사회의 구성원은 국유자산 감독관리기구에서 위임·파견한다. 다만, 감사회 구성원 중의 종업원대표는 회사의 종업원대표대회에서 선출한다. 감사회 의장은 국유자산 감독관리기구가 감사회 구성원 중에서 지정한다. ③ 감사회는 이 법 제53조 제1호 내지 제3호에 규정된 권한 및 국무원에서 규정한 기타 권한을 행사한다.

제3장   유한책임회사의 지분양도

제71조 ① 유한책임회사의 주주 간에는 그 지분의 전부 또는 일부를 서로 양도할 수 있다. ② 주주가 주주 이외의 자에게 지분을 양도할 경우에는 기타 주주의 과반수 동의를 거쳐야 한다. 주주는 그 지분양도 사항에 대해 서면으로 기타 주주에게 통지하고 동의를 구하여야 하며 기타 주주가 서면 통지를 접수한 날로부터 30일이 경과하여도 답변하지 않은 경우에는 양도에 동의한 것으로 간주한다. 기타 주주의 반수 이상이 양도에 동의하지 않은 경우, 동의하지 않은 주주는 당해 지분을 인수하여야 하며 인수하지 않은 경우에는 양도에 동의한 것으로 간주한다. ③ 주주의 동의를 거쳐 양도하는 지분에 대해 기타 주주는 동등한 조건하에서 우선인수권을 가진다. 2 이상의 주주가 우선인수권을 주장할 경우에는 협상하여 각자의 인수비율을 확정하여야 한다. 협상을 통해 합의할 수 없을 경우에는 양도 시 각자의 출자비율에 따라 우선인수권을 행사한다. ④ 정관에 지분양도에 관한 별도의 규정이 있을 경우에는 그 규정에 따른다.

제72조 인민법원이 법률에 규정된 강제집행절차에 따라 주주의 지분을 양도할 경우에는 회사 및 전체 주주에게 통지하여야 하며 기타 주주는 동등한 조건 하에 우선인수권을 가진다. 기타 주주가 인민법원의 통지일로부터 20일이 경과하여도 우선인수권을 행사하지 않은 경우에는 우선인수권을 포기한 것으로 간주한다.

제73조 이 법 제71조 및 제72조에 따라 지분을 양도한 후 회사는 원주주의 출자증명서를 말소하고 신 주주에게 출자증명서를 발행함과 동시에 정관과 주주명부 중의 주주 및 그 출자금에 관한 기재에 대해 상응한 개정을 하여야 한다. 정관의 해당 사항에 대한 개정은 다시 주주회의 의결을 거칠 필요가 없다.

제74조 ① 다음 각 호의 하나에 해당할 경우, 당해 사항에 관한 주주회의 의결에 대해 반대표를 행사한 주주는 회사에서 합리적인 가격으로 그 지분을 인수할 것을 청구할 수 있다.

  1. 회사가 연속 5년간 주주에게 이윤을 배당하지 아니하였으나 회사가 그 5년간 연속 흑자이며 또한 이 법에 규정된 이윤배당 조건에

부합하는 경우

2. 회사가 합병·분할 또는 주요재산을 양도하는 경우

3. 정관에 규정된 영업기한이 만료되거나 정관에 규정된 기타 해산사유가 발생하였으나 주주회회의 의결을 거쳐 정관을 개정하여 회사가 존속하도록 한 경우

③주주회회의 의결이 통과된 날로부터 60일 내에 주주와 회사 간에 지분인수계약을 달성할 수 없을 경우, 주주는 주주회회의 의결이 통과된 날로부터 90일 내에 인민법원에 소송을 제기할 수 있다.

제75조 자연인 주주가 사망한 후, 그 합법적인 상속인은 주주의 자격을 상속할 수 있다. 다만, 정관에 별도의 규정이 있을 경우에는 제외한다.

제4장 주식유한회사의 설립 및 조직기구

제1절 설립

제76조 주식유한회사의 설립은 다음 각 호의 조건을 구비하여야 한다.

1. 발기인 수가 법정 인수에 부합함
2. 정관의 규정에 부합되는 전체 발기인이 인수한 주식자본총액 또는 모집한 실제 납입 주식자본총액이 있음
3. 주식발행 및 설립준비사항이 법률의 규정에 부합됨
4. 발기인이 정관 초안을 작성하였으며, 모집설립방식을 채택하였을 경우에는 정관이 창립총회에서 통과됨
5. 회사의 명칭이 있고 주식유한회사의 요구에 부합되는 조직기구를 설치함
6. 회사의 주소가 있음

제77조 ① 주식유한회사의 설립은 발기설립 또는 모집설립의 방식을 채택할 수 있다. ② '발기설립'이란 회사가 발행해야 하는 전부의 주식을 발기인이 인수하여 회사를 설립하는 것을 말한다. ③ '모집설립'이란 회사가 발행해야 하는 주식의 일부를 발기인이 인수하고 나머지 주식은 사회에서 공개적으로 모집하거나 특정한 대상으로부터 모집하여 회사를 설립하는 것을 말한다.

제78조 주식유한회사의 설립에는 2인 이상 200인 이하의 발기인이 있어야 하며, 그 중 반수 이상의 발기인은 반드시 중국 경내에 주소가 있어야 한다.

제79조 ① 주식유한회사의 발기인은 회사 설립준비업무를 담당한다. ② 발기인은 발기인계약서를 체결함으로써 회사설립 과정 중의 각자의 권리·의무를 명확히 하여야 한다.

제80조 ① 주식유한회사가 발기설립방식에 의해 설립된 경우, 등록자본금은 회사등기기관에 등기한 전체 발기인이 인수한 주식자본총액이다. 발기인이 인수한 주식을 완납하기 전에는 타인으로부터 주식을 모집하여서는 아니된다. ② 주식유한회사가 모집설립방식에 의해 설립된 경우, 등록자본금은 회사등기기관에 등기한 실제 납입 주식자본총액이다. ③ 법률·행정법규 및 국무원의 결정에 주식유한회사의 등록자본금 실제 납입 및 등록자본금의 최저 한도액에 관한 별도의 규정이 있을 경우에는 그 규정에 따른다.

제81조 주식유한회사의 정관에는 다음 각 호의 사항을 명기하여야 한다.
1. 회사의 명칭과 주소
2. 회사의 경영범위
3. 회사의 설립방식
4. 회사의 주식 총수, 1주당 금액 및 등록자본금
5. 발기인의 성명 또는 명칭, 인수한 주식수, 출자방식 및 출자일
6. 동사회의 구성, 권한 및 의사규칙
7. 회사의 법인대표
8. 감사회의 구성, 권한 및 의사규칙
9. 회사의 이윤배당방식
10. 회사의 해산사유 및 청산방식
11. 회사의 통지 및 공고방식
12. 주주총회회의가 규정할 필요가 있다고 인정하는 기타 사항

제82조 발기인의 출자방식은 이 법 제27조의 규정을 적용한다.

제83조 ① 발기설립방식에 의해 주식유한회사를 설립할 경우, 발기인은 정관에 규정된 자신이 인수하기로 약속한 주식을 서면으로 전액 인수

하고 정관의 규정에 따라 출자금을 납입하여야 한다. 비화폐재산으로 출자할 경우에는 법에 따라 그 재산권 이전 절차를 밟아야 한다. ②발기인이 전항의 규정에 따라 출자금을 납입하지 않은 경우에는 발기인 계약서에 따라 위약책임을 부담하여야 한다. ③발기인이 정관에 규정된 출자금을 전액 인수한 후에는 동사회와 감사회를 선출하고 동사회가 회사등기기관에 정관 및 법률·행정법규에 규정된 기타 서류를 제출하고 설립등기를 신청하여야 한다.

제84조 모집설립방식에 의해 주식유한회사를 설립할 경우, 발기인이 인수한 주식은 회사 주식총수의 35% 이상이어야 한다. 다만, 법률·행정법규에 별도의 규정이 있을 경우에는 그 규정에 따른다.

제85조 발기인이 주식을 사회에서 공개적으로 모집할 경우에는 반드시 주식모집설명서(招股说明书)를 공고하고 주식청약서(认股书)를 작성하여야 한다. 주식청약서는 이 법 제86조에 나열된 사항을 명기하고 주식청약인이 인수하는 주식수, 금액, 주소를 기입한 후 서명·날인하여야 한다. 주식청약인은 인수한 주식수에 따라 주금(股款)을 납입한다.

제86조 주식모집설명서에는 발기인이 작성한 정관 초안을 첨부하고 다음 각 호의 사항을 명기하여야 한다.
1. 발기인이 인수한 주식수
2. 1주당 액면금액 및 발행가격
3. 무기명 주권의 발행총수
4. 모집자금의 용도
5. 주식청약인의 권리·의무
6. 이번 주식모집의 기한 및 기한 내에 주식이 전액 인수되지 않을 경우에는 주식청약인이 인수한 주식을 취소할 수 있다는 설명

제87조 발기인이 주식을 사회에서 공개적으로 모집할 경우에는 법에 의해 설립된 증권회사가 수탁판매하여야 하며 수탁판매계약서(承销协议)를 체결하여야 한다.

제88조 ① 발기인이 주식을 사회에서 공개적으로 모집할 경우에는 은행과 주금대리수령계약서(代收股款协议)를 체결하여야 한다. ② 주금을 대리하여 수령하는 은행은 계약서에 따라 주금을 대리하여 수령하고

보관하며 주금을 납입한 주식청약인에게 영수증을 발행하며 관련부서에 주금수령증명서를 발급할 의무가 있다.

제89조 ① 발행하는 주식의 주금이 완납된 후에는 반드시 법에 의해 설립된 출자검사기구의 출자검사를 받고 증명서를 발급받아야 한다. 발기인은 주금이 완납된 날로부터 30일 내에 회사 창립총회를 소집하고 주최하여야 한다. 창립총회는 발기인 및 주식청약인으로 구성된다. ② 주식모집설명서에 규정된 기한 내에 발행하는 주식을 전부 모집하지 못하거나 발행하는 주식의 주금이 완납된 후 30일 내에 발기인이 창립총회를 소집하지 아니한 경우, 주식청약인은 납입한 주금에 같은 시기 은행예금 이자를 가산하여 발기인에게 반환을 청구할 수 있다.

제90조 ① 발기인은 창립총회 개최 15일 전에 회의일자를 각 주식청약인에게 통지하거나 공고하여야 한다. 창립총회는 주식총수의 과반수를 대표하는 발기인 및 주식청약인이 출석하여야 개최할 수 있다. ② 창립총회는 다음 각 호의 권한을 행사한다.

1. 회사 설립준비상황에 관한 발기인의 보고를 심의함
2. 정관을 채택함
3. 동사회 구성원을 선출함
4. 감사회 구성원을 선출함
5. 회사의 설립비용에 대해 심사·확인함
6. 발기인이 주금으로 충당한 재산에 대한 평가를 심사·확인함
7. 불가항력이 발생하거나 경영조건에 중대한 변화가 발생하여 회사설립에 직접적인 영향을 끼칠 경우에는 회사를 설립하지 않는 취지의 의결을 할 수 있음

③ 창립총회가 전항에 나열된 사항에 대해 의결할 경우에는 반드시 회의에 출석한 주식청약인이 보유하고 있는 의결권의 과반수 동의를 거쳐야 한다.

제91조 발기인, 주식청약인이 주금을 납입하거나 주금으로 충당하는 출자를 교부한 후에는 기한 내에 주식을 전부 모집하지 못하거나 발기인이 기한 내에 창립총회를 개최하지 않거나 창립총회가 회사를 설립하지 않는 취지의 의결을 한 경우를 제외하고 주식자본을 빼돌려서는 아니된다.

제92조 ① 동사회는 창립총회가 종료된 후 30일 내에 회사등기기관에 다음 각 호의 서류를 제출하고 설립등기를 신청하여야 한다.

1. 회사등기신청서
2. 창립총회의 회의록
3. 정관
4. 출자검사증명서
5. 법인대표·동사·감사의 재직서류 및 그 신분증명서
6. 발기인의 법인자격증명서 또는 자연인신분증명서
7. 회사주소증명서

② 모집방식에 의한 주식유한회사의 설립에 있어서 공개적으로 주권을 발행할 경우에는 회사등기기관에 국무원 증권감독관리기구의 허가서류도 제출하여야 한다.

제93조 ① 주식유한회사가 설립된 후 발기인이 정관의 규정에 따라 출자금을 완납하지 않은 경우에는 보충 납입하여야 하며 기타 발기인은 연대책임을 부담한다. ② 주식유한회사가 설립된 후 회사설립의 출자로 한 비화폐재산의 실제가액이 정관에 규정된 가액보다 현저하게 낮은 것을 발견한 경우에는 당해 출자를 교부한 발기인이 그 차액을 보충하여야 하며 기타 발기인은 연대책임을 부담한다.

제94조 주식유한회사의 발기인은 다음 각 호의 책임을 부담하여야 한다.

1. 회사가 설립되지 않을 경우, 설립행위로 인해 발생한 채무와 비용에 대해 연대책임을 부담한다.
2. 회사가 설립되지 않을 경우, 주식청약인이 이미 납입한 주금에 대해 같은 시기 은행예금 이자를 가산하여 반환하는 연대책임을 부담한다.
3. 회사설립 과정 중에 발기인의 과실로 인해 회사의 이익에 손해를 초래한 경우에는 회사에 대해 배상책임을 부담하여야 한다.

제95조 유한책임회사를 주식유한회사로 변경할 경우, 환산한 실제납입 주식자본총액은 회사의 순자산액을 초과해서는 아니된다. 유한책임회사를 주식유한회사로 변경함에 있어서 자본을 증가하기 위해 주식을 공개 발행할 경우에는 법에 따라 진행하여야 한다.

제96조 주식유한회사는 정관, 주주명부, 회사채부본(公司債券存根), 주주총회회의록, 동사회회의록, 감사회회의록 및 재무회계보고서를 회사에 비치하여야 한다.

제97조 주주는 정관, 주주명부, 회사채부본, 주주총회회의록, 동사회회의록, 감사회회의록 및 재무회계보고서를 조회하고 회사의 경영에 대해 건의하거나 질문할 권리가 있다.

제2절 주주총회

제98조 주식유한회사의 주주총회는 전체 주주에 의해 구성된다. 주주총회는 회사의 권력기구이며 이 법에 따라 권한을 행사한다.

제99조 이 법 제37조 제1항의 유한책임회사 주주회 권한에 관한 규정은 주식유한회사의 주주총회에 적용된다.

제100조 주주총회는 연도회의를 매년 1회 개최하여야 한다. 다음 각 호의 상황이 발생할 경우에는 2개월 내에 임시주주총회를 개최하여야 한다.

1. 동사 인수가 이 법에 규정된 인수 또는 정관에 규정된 인수의 3분의 2 미만일 경우
2. 회사가 보전하지 못한 결손이 실제납입 주식자본총액의 3분의 1에 달할 경우
3. 단독으로 또는 합산하여 10% 이상의 회사 주식을 보유하고 있는 주주가 청구할 경우
4. 동사회가 필요하다고 인정할 경우
5. 감사회가 개최를 제안할 경우
6. 정관에 규정된 기타 상황

제101조 ① 주주총회회의는 동사회가 소집하고 동사장이 주최한다. 동사장이 직무를 수행할 수 없거나 수행하지 않을 경우에는 부동사장이 주최한다. 부동사장이 직무를 수행할 수 없거나 수행하지 않을 경우에는 반수 이상의 동사가 공동으로 1명의 동사를 추천하여 주최하도록 한다. ② 동사회가 주주총회회의를 소집하는 직책을 수행할 수 없거나 수행하지 않을 경우에는 감사회가 적시에 소집하고 주최하여야 한다.

감사회가 소집·주최하지 않을 경우에는 연속 90일 이상 단독으로 또는 합산하여 10% 이상의 회사 주식을 보유하는 주주가 스스로 소집하고 주최할 수 있다.

제102조 ① 주주총회회의를 개최할 경우에는 회의 개최 시간, 장소 및 심의사항을 회의 개최 20일 전에 각 주주에게 통지해야 하며 임시주주총회는 회의 개최 15일 전에 각 주주에게 통지하여야 한다. 무기명주권을 발행한 경우에는 회의 개최 30일 전에 회의 개최 시간, 장소 및 심의사항을 공고하여야 한다. ② 단독으로 또는 합산하여 3% 이상의 회사 주식을 보유하는 주주는 주주총회 개최 10일 전에 임시제안을 제출할 수 있으며 서면으로 동사회에 제출하여야 한다. 동사회는 제안을 받은 후 2일 내에 기타 주주에게 통지해야 하며 또한 당해 임시제안을 주주총회에 제출하여 심의하도록 하여야 한다. 임시제안의 내용은 주주총회의 권한범위 내에 해당하여야 하며 명확한 의제와 구체적인 의결사항이 있어야 한다. ③ 주주총회는 상기 2개 항의 통지에 명시하지 않은 사항에 대해 의결하여서는 아니된다. ④ 무기명주권의 보유자가 주주총회에 출석할 경우에는 회의 개최 5일 전부터 주주총회가 종료될 때까지 주권을 회사에 공탁하여야 한다.

제103조 ① 주주가 주주총회에 출석할 경우에는 보유하고 있는 주식 1주 당 1개의 의결권을 가진다. 다만, 회사가 보유하고 있는 자사의 주식은 의결권이 없다. ② 주주총회가 의결을 할 경우에는 반드시 회의에 출석한 주주가 보유하고 있는 의결권의 과반수 동의를 거쳐야 한다. 다만, 주주총화가 정관의 개정, 등록자본금의 증가 또는 감소에 대해 의결하거나 회사의 합병·분할·해산 또는 회사형태의 변경에 대해 의결할 경우에는 반드시 회의에 출석한 주주가 보유하고 있는 의결권의 3분의 2 이상의 동의를 거쳐야 한다.

제104조 이 법과 정관의 규정에 의해 회사가 중대한 자산을 양수도하거나 대외적으로 담보를 제공하는 등 사항에 대해 반드시 주주총회의 의결을 거쳐야 할 경우, 동사회는 적시에 주주총회를 소집하여야 하며 주주총회는 상기 사항에 대해 의결을 진행하여야 한다.

제105조 ① 주주총회가 동사·감사를 선출할 경우에는 정관의 규정 또는

주주총회의 의결에 따라 누적투표제를 실시할 수 있다. ②이 법에서 '누적투표제'란 주주총회가 동사 또는 감사를 선출할 때 1주 당 선출하여야 하는 동사 또는 감사의 인수와 같은 의결권을 보유하며 주주가 보유하는 의결권을 집중적으로 사용할 수 있는 것을 의미한다.

제106조 주주는 대리인을 위임하여 주주총회에 출석하게 할 수 있으며 대리인은 회사에 주주위임장을 제출하고 위임범위 내에서 의결권을 행사하여야 한다.

제107조 주주총회는 심의사항에 대해 회의록을 작성하고 주최자 및 회의에 출석한 동사는 회의록에 서명하여야 한다. 회의록은 출석한 주주의 서명부 및 대리출석 관련 위임장과 함께 보관하여야 한다.

제3절 동사회 및 총경리

제108조 ①주식유한회사는 동사회를 설치하며, 그 구성원은 5명 내지 19명이다. ②동사회 구성원 중에는 회사의 종업원대표를 둘 수 있다. 동사회 중의 종업원대표는 회사의 종업원들이 종업원대표대회, 종업원대회 또는 기타 형식에 의해 민주적으로 선출한다. ③이 법 제45조의 유한책임회사 동사의 임기에 관한 규정은 주식유한회사의 동사에 적용된다. ④이 법 제46조의 유한책임회사 동사회의 권한에 관한 규정은 주식유한회사의 동사회에 적용된다.

제109조 ①동사회는 동사장 1명을 설치하고 부동사장을 설치할 수 있다. 동사장과 부동사장은 동사회가 전체 동사의 과반수 동의를 거쳐 선출한다. ②동사장은 동사회회의를 소집하고 주최하며 동사회 의결의 실시상황을 검사한다. 부동사장은 동사장의 업무를 협조하며 동사장이 직무를 수행할 수 없거나 수행하지 않을 경우에는 부동사장이 직무를 수행한다. 부동사장이 직무를 수행할 수 없거나 수행하지 않을 경우에는 반수 이상의 동사가 공동으로 1명의 동사를 추천하여 직무를 수행하도록 한다.

제110조 ①동사회는 매년 적어도 회의를 2회 개최해야 하며 매번 회의는 회의 개최 10일 전에 전체 동사와 감사에게 통지하여야 한다. ②10% 이상의 의결권을 대표하는 주주, 3분의 1 이상의 동사 또는 감사회는

동사회 임시회의 개최를 제안할 수 있다. 동사장은 제안을 접수한 후 10일 내에 동사회회의를 소집하고 주최하여야 한다. ③동사회가 임시회의를 개최할 경우에는 동사회 소집 통지방식과 통지기한을 별도로 정할 수 있다.

제111조 ①동사회회의는 과반수의 동사가 출석하여야 개최할 수 있다. 동사회가 의결할 경우에는 반드시 전체 동사의 과반수 동의를 거쳐야 한다. ②동사회 의결의 투표는 1인 1표제를 실시한다.

제112조 ①동사회회의는 동사 본인이 출석하여야 한다. 동사가 사유로 인해 출석할 수 없을 경우에는 서면으로 기타 동사에게 위임하여 대신 출석하도록 할 수 있으며 위임장에는 위임범위를 명기하여야 한다. ②동사회는 회의에서 심의한 사항에 대해 회의록을 작성하여야 하며 회의에 출석한 동사는 회의록에 서명하여야 한다. ③동사는 동사회 의결에 대해 책임을 부담하여야 한다. 동사회 의결이 법률·행정법규 또는 정관, 주주총회 의결을 위반하여 회사에 중대한 손실을 초래하였을 경우, 의결에 참여한 동사는 회사에 대해 배상책임을 부담하여야 한다. 다만, 의결에서 이의를 제출함과 동시에 해당 사항이 회의록에 기재되어 있음을 증명할 수 있을 경우, 당해 동사는 책임을 면제받을 수 있다.

제113조 ①주식유한회사는 총경리를 설치하며 동사회에서 초빙 또는 해임을 결정한다. ②이 법 제49조의 유한책임회사 총경리의 권한에 관한 규정은 주식유한회사의 총경리에 적용된다.

제114조 회사 동사회는 동사회 구성원이 총경리를 겸임하는 것을 결정할 수 있다.

제115조 회사는 직접적으로 또는 자회사를 통해 동사·감사 및 고급관리인원에게 대여금을 제공하여서는 아니된다.

제116조 회사는 정기적으로 주주에게 동사·감사 및 고급관리인원이 회사로부터 취득한 보수에 관한 상황을 공개하여야 한다.

제4절 감사회

제117조 ① 주식유한회사는 감사회를 설치하며, 그 구성원은 3명 이상 이어야 한다. ② 감사회는 주주대표와 적당한 비율의 회사 종업원대표를 포함하여야 하고, 그 중 종업원대표의 비율은 3분의 1 이상이어야 하며 구체적인 비율은 정관의 규정에 따른다. 감사회 중의 종업원대표는 회사의 종업원들이 종업원대표대회, 종업원대회 또는 기타 형식에 의해 민주적으로 선출한다. ③ 감사회는 1명의 의장을 설치하고 부의장을 설치할 수 있다. 감사회 의장과 부의장은 전체 감사의 과반수 동의를 거쳐 선출된다. 감사회 의장은 감사회회의를 소집하고 주최한다. 감사회 의장이 직무를 수행할 수 없거나 수행하지 않을 경우에는 감사회 부의장이 감사회회의를 소집하고 주최한다. 감사회 부의장이 직무를 수행할 수 없거나 수행하지 않을 경우에는 반수 이상의 감사가 공동으로 1명의 감사를 추천하여 감사회회의를 소집하고 주최하도록 한다. ④ 동사 및 고급관리인원은 감사를 겸임하여서는 아니된다. ⑤ 이법 제52조의 유한책임회사 감사의 임기에 관한 규정은 주식유한회사의 감사에 적용된다.

제118조 ① 이 법 제53조 및 제54조의 유한책임회사 감사회의 권한에 관한 규정은 주식유한회사의 감사회에 적용된다. ② 감사회가 권한을 행사함에 있어서 필요한 비용은 회사가 부담한다.

제119조 ① 감사회는 매 6개월에 적어도 회의를 1회 개최하여야 한다. 감사는 임시감사회회의의 개최를 제안할 수 있다. ② 감사회의 의사방식과 의결절차는 이 법에 규정된 사항을 제외하고 정관의 규정에 따른다. ③ 감사회 의결은 반수 이상 감사의 동의를 거쳐야 한다. ④ 감사회는 심의한 사항에 대해 회의록을 작성하여야 하며 회의에 출석한 감사는 회의록에 서명하여야 한다.

제5절 상장회사의 조직기구에 관한 특별규정

제120조 이 법에서 '상장회사'란 그 주권이 증권거래소에 상장되어 거래되는 주식유한회사를 말한다.

제121조 상장회사가 1년 내에 중대한 자산을 인수·매각하거나 담보금

액이 회사 자산총액의 30%를 초과할 경우에는 주주총회가 의결해야 하며 회의에 출석한 주주가 보유하고 있는 의결권의 3분의 2 이상의 동의를 거쳐야 한다.

제122조 상장회사는 독립동사(独立董事)30)를 설치하며 구체적인 방법은 국무원의 규정에 따른다.

제123조 상장회사는 동사회비서(董事会秘书)를 설치하여 회사 주주총회와 동사회회의의 준비, 서류보관 및 회사 주주서류의 관리, 정보공개사무의 처리 등 사항을 책임지도록 한다.

제124조 상장회사의 동사가 동사회회의의 의결사항에 관련된 기업과 특수관계(关联关系)가 존재할 경우에는 해당 사항의 의결에 대해 의결권을 행사하여서는 아니되며 기타 동사를 대리하여 의결권을 행사해서도 아니된다. 당해 동사회회의는 특수관계가 없는 동사의 과반수가 출석하면 개최할 수 있으며 동사회회의의 의결은 반드시 특수관계가 없는 동사의 과반수 동의를 거쳐야 한다. 동사회에 출석한 특수관계가 없는 동사의 인수가 3명 미만일 경우에는 해당 사항을 상장회사 주주총회에 제출해 심의하도록 하여야 한다.

제5장 주식유한회사의 주식 발행과 양도

제1절 주식 발행

제125조 ① 주식유한회사의 자본은 주식으로 나누어지며 매 1주의 금액은 동일하다. ② 회사의 주식은 주권의 형식을 채택한다. 주권은 주주가 보유하고 있는 주식을 증명하기 위해 회사가 발행하는 증빙이다.

제126조 ① 주식의 발행은 공평·공정의 원칙을 실시하며 동일한 종류의 매 1주의 주식은 동등한 권리를 가진다. ② 동일한 시기에 발행된 동일한 종류의 주권은 매 1주의 발행조건과 가격이 동일하여야 한다. 임의의 단체 또는 개인이 인수한 주식은 1주 당 동일한 금액을 지불하여야 한다.

---

30) 한국의 '사외이사'에 해당하는 직무입니다.

제127조 주권의 발행가격은 액면금액에 따를 수도 있고 액면금액을 초과할 수도 있으나 액면금액보다 낮아서는 아니된다.

제128조 ① 주권은 서면형식 또는 국무원 증권감독관리기구에서 규정한 기타 형식을 채택한다. ② 주권에는 다음 각 호의 주요 사항을 명시하여야 한다.

1. 회사명칭
2. 회사 설립일자
3. 주권의 종류, 액면가격 및 대표하는 주식수
4. 주권의 일련번호

③ 주권은 법인대표가 서명하고 회사가 날인하여야 한다. ④ 발기인의 주권에는 '발기인 주권'이라는 문구를 표기하여야 한다.

제129조 ① 회사가 발행하는 주권은 기명주권일 수도 있고 무기명주권일 수도 있다. ② 회사가 발기인 및 법인에 발행하는 주권은 기명주권이어야 하고 발기인 및 법인의 명칭 또는 성명을 기재하여야 하며 별도로 계좌를 개설하거나 대표자의 성명으로 기명하여서는 아니된다.

제130조 ① 회사가 기명주권을 발행할 경우에는 주주명부를 비치하여야 하며 다음 각 호의 사항을 기재하여야 한다.

1. 주주의 성명 또는 명칭 및 주소
2. 각 주주가 보유하고 있는 주식수
3. 각 주주가 보유하고 있는 주권의 일련번호
4. 각 주주가 주식을 취득한 일자

② 무기명주권을 발행할 경우, 회사는 그 주권의 수량, 일련번호 및 발행일자를 기재하여야 한다.

제131조 국무원은 회사가 이법에 규정된 주식 이외의 다른 종류의 주식 발행에 대해 별도로 규정할 수 있다.

제132조 주식유한회사는 설립된 후 즉시 주주에게 정식으로 주권을 교부한다. 회사가 설립되기 전에 주주에게 주권을 교부하여서는 아니된다.

제133조 회사가 신주를 발행할 경우, 주주총회는 다음 각 호의 사항에 대해 의결하여야 한다.

1. 신주 종류 및 수량
2. 신주 발행가격
3. 신주 발행의 기한
4. 기존 주주에게 발행하는 신주의 종류 및 수량

제134조 ① 회사가 국무원 증권감독관리기구의 허가를 거쳐 공개적으로 신주를 발행할 경우에는 신주모집설명서 및 재무회계보고서를 공고하고 주식청약서를 작성하여야 한다. ② 이 법 제87조 및 제88조의 규정은 회사가 공개적으로 발행하는 신주에 적용된다.

제135조 회사는 신주발행에 있어서 회사의 경영상황 및 재무상황에 근거하여 그 가격 제정방안을 확정할 수 있다.

제136조 회사는 신주를 발행하여 주금을 전부 모집한 후 반드시 회사등기기관에 변경등기절차를 밟고 공고하여야 한다.

제2절 주식 양도

제137조 주주가 보유하고 있는 주식은 법에 따라 양도할 수 있다.

제138조 주주가 그 주식을 양도할 경우에는 법에 의해 설립된 증권거래장소에서 진행하거나 국무원에서 규정한 기타 방식에 따라 진행하여야 한다.

제139조 ① 기명주권은 주주가 배서방식 또는 법률·행정법규에 규정된 기타 양도방식으로 양도한다. 양도 후 회사는 양수인의 성명 또는 명칭 및 주소를 주주명부에 기재한다. ② 주주총회를 개최하기 전 20일 내에 또는 회사가 주식 배당금을 배분하기로 결정한 기준일 전 5일 내에는 전항에 규정된 주주명부 변경등기를 진행하여서는 아니된다. 다만, 법률에 상장회사의 주주명부 변경등기에 관한 별도의 규정이 있을 경우에는 그 규정에 따른다.

제140조 무기명주권의 양도는 주주가 해당 주권을 양수인에게 교부한 후 즉시 양도의 효력을 발생한다.

제141조 ① 발기인이 보유하고 있는 해당 회사의 주식은 회사 설립일로부터 1년 내에 양도하여서는 아니된다. 회사가 주식을 공개적으로 발

행하기 전에 이미 발행한 주식은 회사의 주권이 증권거래소에 상장되어 거래된 날로부터 1년 내에 양도하여서는 아니된다. ②회사의 동사·감사 및 고급관리인원은 자신이 보유하고 있는 회사의 주식 및 그 변동상황을 회사에 신고하여야 하며 임기 중 매년 양도하는 주식은 자신이 보유하고 있는 회사주식총수의 25%를 초과하여서는 아니되며 보유하고 있는 회사의 주식은 회사의 주권이 상장되어 거래된 날로부터 1년 내에 양도하여서는 아니된다. 상기 인원은 사직한 후 반년 내에 자신이 보유하고 있는 회사의 주식을 양도하여서는 아니된다. 정관은 회사의 동사·감사 및 고급관리인원이 보유하고 있는 회사의 주식 양도에 대해 기타 제한적 규정을 둘 수 있다.

제142조 ① 회사는 자사 주식을 인수하여서는 아니된다. 다만, 다음 각 호의 하나에 해당할 경우는 제외한다.

1. 회사등록자본금을 감소할 경우
2. 회사의 주식을 보유하고 있는 기타 회사와 합병할 경우
3. 주식을 종업원주식소유제 또는 주식매입선택권에 사용할 경우
4. 주주가 주주총회의 회사 합병·분할 의결에 대해 이의가 있어 회사에 그 주식 인수를 요청할 경우
5. 주식을 상장회사가 발행한 전환사채로 전환하는 데 사용할 경우
6. 상장회사가 회사 가치 및 주주의 권익을 수호하는 데 반드시 필요한 경우

② 회사가 전항 제1호, 제2호에 규정된 상황으로 인해 자사 주식을 인수할 경우에는 주주총회의 의결을 거쳐야 한다. 회사가 전항 제3호, 제5호, 제6호에 규정된 상황으로 인해 자사 주식을 인수할 경우에는 정관의 규정 또는 주주총회의 수권에 따라 3분의 2 이상의 동사가 출석한 동사회회의에서 의결할 수 있다. ③ 회사가 제1항의 규정에 따라 자사 주식을 인수한 후 제1호의 상황에 해당할 경우에는 인수한 날로부터 10일 내에 소각하여야 하며 제2호, 제4호의 상황에 해당할 경우에는 6개월 내에 양도하거나 소각하여야 한다. 제3호, 제5호, 제6호의 상황에 해당할 경우, 회사가 보유하는 자사 주식의 합계는 회사가 발행한 주식총수의 10%를 초과하여서는 아니되며 또한 3년 내에 양도하거나 소각하여야 한다. ④ 상장회사가 자사 주식을 인수할 경우에는 「중화인민공화국 증권법」의 규정에 따라 정보공개의무를 이행하여야

한다. 상장회사가 제1항 제3호, 제5호, 제6호에 규정된 상황으로 인해 자사 주식을 인수할 경우에는 공개적인 집중거래 방식으로 진행하여야 한다. ⑤ 회사는 자사 주권을 질권의 목적물로 수취하여서는 아니된다.

제143조 기명주권이 도난·분실 또는 멸실되었을 경우, 주주는 「중화인민공화국 민사소송법」에 규정된 공시최고절차에 따라 인민법원에 해당 주권의 실효를 청구할 수 있다. 인민법원이 해당 주권의 실효를 선고한 후 주주는 회사에 주권의 보충발급을 청구할 수 있다.

제144조 상장회사의 주권은 법률·행정법규 및 증권거래소의 거래규칙에 따라 장내에서 거래한다.

제145조 상장회사는 반드시 법률·행정법규의 규정에 따라 그 재무상황, 경영상황 및 중대한 소송을 공개해야 하며 매 회계연도의 반년에 한 번씩 재무회계보고를 공개하여야 한다.

제6장 회사의 동사·감사 및 고급관리인원의 자격과 의무

제146조 ① 다음 각 호의 하나에 해당할 경우에는 회사의 동사·감사 및 고급관리인원을 담당하여서는 아니된다.
1. 민사상 무행위능력자 또는 한정행위능력자에 해당하는 경우
2. 횡령·뇌물·배임 또는 사회주의 시장경제질서를 파괴하여 형사처벌을 받고 집행 완료 후 5년 미만이거나 범죄로 인해 정치권리를 박탈당하고 집행 완류 후 5년 미만일 경우
3. 파산하여 청산된 회사·기업의 동사 또는 공장장·총경리를 담당하였고 해당 회사·기업의 파산에 개인적인 책임이 있으며 해당 회사·기업의 파산청산이 완료된 날로부터 3년 미만일 경우
4. 불법행위로 인해 사업자등록증이 취소되었거나 폐업을 명 받은 회사·기업의 법인대표를 담당하였고 또한 개인적인 책임이 있으며 해당 회사·기업이 사업자등록증을 취소당한 날로부터 3년 미만일 경우
5. 만기되어도 변제하지 못한 비교적 큰 금액의 개인채무가 있을 경우

② 회사가 전항의 규정을 위반하고 동사·감사를 위임·파견하거나 고급관리인원을 초빙하였을 경우, 당해 선출, 위임·파견 또는 초빙은 무효

하다. ③동사·감사 및 고급관리인원이 임기 중에 제1항에 열거된 상황의 하나가 발생하였을 경우, 회사는 그 직무를 해임하여야 한다.

제147조 ①동사·감사 및 고급관리인원은 법률·행정법규 및 정관을 준수해야 하며 회사에 대해 충실 및 근면 의무를 부담하여야 한다. ②동사·감사 및 고급관리인원은 직권을 이용하여 뇌물 또는 기타 불법이익을 수수하거나 회사의 재산을 침범해서는 아니된다.

제148조 ①동사 및 고급관리인원은 다음 각 호의 행위를 하여서는 아니된다.
1. 회사의 자금을 유용(挪用)함
2. 회사의 자금을 그 개인의 명의 또는 기타 개인의 명의로 개설한 은행계좌에 입금함
3. 정관의 규정을 위반하고 주주회·주주총회 또는 동사회의 동의 없이 회사의 자금을 타인에게 대여하거나 회사의 재산으로 타인에게 담보를 제공함
4. 정관의 규정을 위반하거나 주주회·주주총회의 동의 없이 회사와 계약을 체결하거나 거래함
5. 주주회 또는 주주총회의 동의 없이 직무상의 편의를 이용하여 본인 또는 타인을 위해 회사에 귀속되어야 하는 상업기회를 도모하거나 재임하고 있는 회사와 같은 유형의 업무를 자체적으로 경영하거나 타인을 위해 경영함
6. 타인으로부터 회사와의 거래에 관한 커미션을 받음
7. 회사의 비밀을 무단 공개함
8. 회사에 대한 충실의무를 위반하는 기타 행위
②동사 및 고급관리인원이 전항의 규정을 위반하여 취득한 수입은 회사의 소유로 귀속되어야 한다.

제149조 동사·감사 및 고급관리인원이 회사 직무를 수행함에 있어서 법률·행정법규 또는 정관의 규정을 위반하여 회사에 손실을 초래하였을 경우에는 배상책임을 부담하여야 한다.

제150조 ①주주회 또는 주주총회가 동사·감사 및 고급관리인원에게 회의에 열석할 것을 요청하였을 경우, 동사·감사 및 고급관리인원은 회

의에 열석하여 주주의 질문을 받아야 한다. ②동사 및 고급관리인원은 감사회 또는 감사회를 설치하지 않은 유한책임회사의 감사에게 사실대로 관련 상황과 자료를 제공해야 하며 감사회 및 감사의 권한행사를 방해해서는 아니된다.

제151조 ①동사 및 고급관리인원에게 이 법 제149조에 규정된 상황이 발생한 경우, 유한책임회사의 주주, 주식유한회사에서 연속 180일 이상 단독으로 또는 합산하여 회사의 1% 이상의 주식을 보유하고 있는 주주는 감사회 또는 감사회를 설치하지 않은 유한책임회사의 감사에게 법원에 소송을 제기할 것을 서면으로 청구할 수 있다. 감사에게 이 법 제149조에 규정된 상황이 발생한 경우, 상기 주주는 동사회 또는 동사회를 설치하지 않은 유한책임회사의 집행동사에게 법원에 소송을 제기할 것을 서면으로 청구할 수 있다. ②감사회, 감사회를 설치하지 않은 유한책임회사의 감사 또는 동사회, 집행동사가 전항에 규정된 주주의 서면 청구를 받은 후 소송의 제기를 거절하거나 청구를 받은 날로부터 30일 내에 소송을 제기하지 않을 경우 또는 상황이 긴급하여 즉시 소송을 제기하지 않으면 회사의 이익에 보완하기 어려운 손해를 초래할 경우, 전항에 규정된 주주는 회사의 이익을 위해 자신의 명의로 직접 인민법원에 소송을 제기할 권리가 있다. ③타인이 회사의 합법적 권익을 침해하여 회사에 손실을 초래할 경우, 제1항에 규정된 주주는 전 2항의 규정에 따라 인민법원에 소송을 제기할 수 있다.

제152조 동사 및 고급관리인원이 법률·행정법규 또는 정관의 규정을 위반하여 주주의 이익을 침해할 경우, 주주는 인민법원에 소송을 제기할 수 있다.

제7장 회사채

제153조 ①이 법에서 '회사채'란 회사가 법에 규정된 절차에 따라 발행하고 일정한 기한 내에 원금을 변제함과 동시에 이자를 지불할 것을 약정한 유가증권을 말한다. ②회사가 회사채를 발행할 경우에는 「중화인민공화국 증권법」에 규정된 발행조건을 만족시켜야 한다.

제154조 ① 회사채 발행의 신청은 국무원이 위임한 부서의 심사·허가를 거친 후 회사채 모집방법을 공고하여야 한다. ② 회사채 모집방법에는 다음 각 호의 주요사항을 명시하여야 한다.

1. 회사명칭
2. 회사채로 모집한 자금의 용도
3. 회사채 총액 및 액면금액
4. 회사채 이자율의 확정방식
5. 원금 변제 및 이자 지불의 기한과 방식
6. 회사채 담보상황
7. 회사채의 발행가격 및 발행기한
8. 회사의 순자산액
9. 이미 발행하였으나 변제기한이 도래하지 않은 회사채 총액
10. 회사채의 수탁판매기구

제155조 회사가 실물권방식으로 회사채를 발행할 경우에는 반드시 회사채에 회사명칭·액면금액·이자율·변제기한 등 사항을 명시하고 법인대표가 서명함과 동시에 회사가 날인하여야 한다.

제156조 회사채는 기명채권일 수도 있고 무기명채권일 수도 있다.

제157조 ① 회사가 회사채를 발행할 경우에는 회사채부본 장부를 비치하여야 한다. ② 기명회사채를 발행할 경우에는 회사채부본 장부에 다음 각 호의 사항을 명시하여야 한다.

1. 채권보유자의 성명 또는 명칭 및 주소
2. 채권보유자의 채권 취득일자 및 채권의 일련번호
3. 채권의 총액, 액면금액, 이자율, 원금 변제 및 이자 지불의 기한과 방식
4. 채권의 발행일자

③ 무기명회사채를 발행할 경우에는 회사채부본 장부에 채권의 총액, 이자율, 변제 기한과 방식, 발행일자 및 채권의 일련번호를 명시하여야 한다.

제158조 기명회사채의 등기·결제기구는 채권 등기·예탁·이자지불·환급 등에 관한 제도를 제정하여야 한다.

제159조 ① 회사채는 양도할 수 있으며 양도가격은 양도인과 양수인이 약정한다. ② 회사채가 증권거래소에 상장되어 거래되는 경우에는 증권거래소의 거래규칙에 따라 양도한다.

제160조 ① 기명회사채는 채권보유자가 배서방식 또는 법률·행정법규에 규정된 기타 양도방식에 의해 양도한다. 양도 후 회사는 양수인의 성명 또는 명칭 및 주소를 회사채부본 장부에 기재한다. ② 무기명회사채의 양도는 채권보유자가 해당 채권을 양수인에게 교부한 후 즉시 양도의 효력을 발생한다.

제161조 ① 상장회사는 주주총회의 의결을 거쳐 전환사채를 발행할 수 있으며 구체적인 전환방법은 회사채 모집방법에 규정한다. 상장회사가 전환사채를 발행할 경우에는 국무원 증권감독관리기구에 보고하여 심사·허가를 받아야 한다. ② 전환사채를 발행할 경우에는 채권에 '전환사채'라는 문구를 표기하고 회사채부본 장부에 전환사채의 수량을 명시하여야 한다.

제162조 전환사채를 발행한 경우, 회사는 그 전환방법에 따라 채권보유자에게 주권을 교환 발급하여야 한다. 다만, 채권보유자는 주권으로 교환하거나 교환하지 않는 데 대해 선택권을 가진다.

제8장 회사의 재무·회계

제163조 회사는 법률·행정법규 및 국무원 재정부서의 규정에 따라 재무·회계제도를 제정하여야 한다.

제164조 ① 회사는 매 회계연도가 종료될 때 재무회계보고서를 작성하고 법에 따라 회계사사무소의 회계감사를 받아야 한다. ② 재무회계보고서는 법률·행정법규 및 국무원 재정부서의 규정에 따라 작성하여야 한다.

제165조 ① 유한책임회사는 정관에 규정된 기한에 따라 재무회계보고서를 각 주주에게 제공하여야 한다. ② 주식유한회사의 재무회계보고서는 주주총회 연례회의 개최 20일 전에 회사에 비치하여 주주가 열람

할 수 있도록 하여야 한다. 주권을 공개발행한 주식유한회사는 반드시 그 재무회계보고서를 공고하여야 한다.

제166조 ① 회사가 해당 연도의 세후 이윤을 배당할 때에는 이윤의 10%를 인출하여 회사의 법정준비금(法定公積金)에 편입하여야 한다. 법정준비금의 누계액이 회사 등록자본금의 50% 이상일 경우에는 더 이상 인출하지 아니할 수 있다. ② 회사의 법정준비금으로 전연도의 결손을 보전하기 어려울 경우에는 전항의 규정에 따라 법정준비금을 인출하기 전에 먼저 해당 연도의 이윤으로 결손을 보전하여야 한다. ③ 회사는 세후 이윤에서 법정준비금을 인출한 후 주주회 또는 주주총회의 의결을 거쳐 세후 이윤에서 임의준비금(任意公積金)도 인출할 수 있다. ④ 회사가 결손을 보전하고 준비금을 인출한 후에 남은 세후 이윤에 대해서 유한책임회사는 이 법 제34조의 규정에 따라 배당하고 주식유한회사는 주주가 보유하고 있는 주식비율에 따라 배당한다. 다만, 주식유한회사의 정관에 주식비율에 따라 배당하지 않기로 규정되어 있을 경우는 제외한다. ⑤ 주주회·주주총회 또는 동사회가 전항의 규정을 위반하여 회사가 결손을 보전하고 법정준비금을 인출하기 전에 주주에게 이윤을 배당하였을 경우, 주주는 규정을 위반하여 배당한 이윤을 반드시 회사에 반환해야 한다. ⑥ 회사가 보유하고 있는 자사 주식에 대해 이윤을 배당해서는 아니된다.

제167조 주식유한회사가 주권의 액면금액을 초과하는 발행가격으로 주식을 발행함으로써 취득한 액면초과금액 및 국무원 재정부서의 규정에 의해 자본준비금에 편입해야 하는 기타 수입은 회사 자본준비금으로 계상하여야 한다.

제168조 ① 준비금은 회사의 결손을 보전하고 생산경영을 확대하거나 회사 자본금의 증가로 전환하는 데 사용한다. 다만, 자본준비금을 회사의 결손보전에 사용해서는 아니된다. ② 법정준비금을 자본으로 전환할 때 남겨 두는 당해 준비금은 증자 전 회사등록자본금의 25%보다 적어서는 아니된다.

제169조 ① 회사가 회계감사업무를 처리하는 회계사사무소를 초빙하거나 해임할 경우에는 정관의 규정에 따라 주주회·주주총회 또는 동사회가

결정한다. ② 회사의 주주회·주주총회 또는 동사회가 회계사사무소의 해임에 대해 의결할 때에는 회계사사무소가 의견을 진술하는 것을 허용하여야 한다.

제170조 회사는 초빙한 회계사사무소에 진실하고 완전한 회계 증빙·장부·재무회계보고서 및 기타 회계자료를 제공해야 하며 거절·은닉 또는 허위로 보고해서는 아니된다.

제171조 ① 회사는 법에 규정된 회계장부 외에 별도의 회계장부를 작성하여서는 아니된다. ② 회사의 자산은 어떠한 개인의 명의로도 계좌를 개설하여 보관하여서는 아니된다.

제9장 회사의 합병·분할·증자(增資)·감자(減資)

제172조 ① 회사의 합병은 흡수합병 또는 신설합병의 방식을 채택할 수 있다. ② 한 회사가 다른 회사를 흡수하는 것을 흡수합병이라고 하며 흡수된 회사는 해산한다. 2 이상의 회사가 합병하여 하나의 새로운 회사를 설립하는 것을 신설합병이라고 하며 합병 각 측은 해산한다.

제173조 회사가 합병될 경우, 합병 각 측은 합병계약을 체결하고 대차대조표 및 재산명세서를 작성하여야 한다. 회사는 합병에 관한 의결을 한 날로부터 10일 내에 채권자에게 통지하고 30일 내에 신문에 공고하여야 한다. 채권자는 통지서를 받은 날로부터 30일 내에, 통지서를 받지 못한 채권자는 공고일로부터 45일 내에 회사에 채무변제 또는 상응한 담보의 제공을 요청할 수 있다.

제174조 회사가 합병된 경우, 합병 각 측의 채권·채무는 합병 후에 존속하는 회사 또는 신설된 회사가 승계한다.

제175조 ① 회사가 분할될 경우에는 그 재산에 대해 상응한 분할을 한다. ② 회사가 분할될 경우에는 대차대조표 및 재산명세서를 작성하여야 한다. 회사는 분할에 관한 의결을 한 날로부터 10일 내에 채권자에게 통지하고 30일 내에 신문에 공고하여야 한다.

제176조 회사 분할 전의 채무는 분할 후의 회사가 연대책임을 부담한다.

다만, 회사가 분할 전에 채권자와 채무변제에 관하여 체결한 서면계약에 별도의 약정이 있을 경우는 제외한다.

제177조 ① 회사가 등록자본금을 감소할 필요가 있을 경우에는 반드시 대차대조표 및 재산명세서를 작성하여야 한다. ② 회사는 등록자본금 감소에 관한 의결을 한 날로부터 10일 내에 채권자에게 통지하고 30일 내에 신문에 공고하여야 한다. 채권자는 통지서를 받은 날로부터 30일 내에, 통지서를 받지 못한 채권자는 공고일로부터 45일 내에 회사에 채무변제 또는 상응한 담보의 제공을 요청할 권리가 있다.

제178조 ① 유한책임회사가 등록자본금을 증가할 경우, 주주가 새롭게 증가된 자본금의 출자에 관한 납입 약속에 대해서는 이 법의 유한책임회사 설립시의 출자금 납입에 관한 규정에 따른다. ② 주식유한회사가 등록자본금을 증가하기 위해 신주를 발행할 경우, 주주의 신주 인수는 이 법의 주식유한회사 설립시의 주금 납입에 관한 규정에 따른다.

제179조 ① 회사가 합병 또는 분할로 인해 등기사항이 변경될 경우에는 법에 따라 회사등기기관에 변경등기를 하여야 하고, 회사가 해산될 경우에는 법에 따라 말소등기를 하여야 하며, 새로운 회사가 설립될 경우에는 법에 따라 설립등기를 하여야 한다. ② 회사가 등록자본금을 증가 또는 감소할 경우에는 법에 따라 회사등기기관에 변경등기를 하여야 한다.

제10장   회사의 해산과 청산

제180조 회사는 다음 각 호의 사유로 인해 해산한다.
1. 정관에 규정된 경영기한이 만료되거나 정관에 규정된 기타 해산 사유가 발생함
2. 주주회 또는 주주총회가 해산을 의결함
3. 회사의 합병 또는 분할로 인해 해산할 필요가 있음
4. 법에 의해 사업자등록증이 취소되거나 폐업을 명 받거나 철회됨
5. 인민법원이 이 법 제182조의 규정에 따라 해산을 허용함

제181조 ① 회사에 이 법 제180조 제1호의 사유가 발생하였을 경우에

는 정관을 개정함으로써 존속할 수 있다. ② 전항의 규정에 따라 정관을 개정할 경우, 유한책임회사는 반드시 3분의 2 이상의 의결권을 보유하고 있는 주주의 동의를 거쳐야 하며 주식유한회사는 반드시 주주총회회의에 출석한 주주가 보유하고 있는 의결권의 3분의 2 이상의 동의를 거쳐야 한다.

제182조 회사의 경영관리에 중대한 곤란이 발생하고 계속하여 존속할 시에는 주주의 이익에 중대한 손실을 초래하며 다른 방법으로 해결할 수 없을 경우, 회사 전체 의결권의 10% 이상을 보유하고 있는 주주는 인민법원에 회사의 해산을 청구할 수 있다.

제183조 회사가 이 법 제180조 제1호, 제2호, 제4호, 제5호의 규정에 의해 해산할 경우에는 해산사유가 발생한 날로부터 15일 내에 청산팀을 구성하고 청산을 개시하여야 한다. 유한책임회사의 청산팀은 주주로 구성되며 주식유한회사의 청산팀은 동사 또는 주주총회에서 확정한 인원으로 구성된다. 기한이 경과되어도 청산팀을 구성하여 청산을 진행하지 않을 경우, 채권자는 인민법원에 관련 인원을 지정하여 청산팀을 구성해 청산을 진행할 것을 신청할 수 있다. 인민법원은 당해 신청을 접수하여야 하며 또한 적시에 청산팀을 구성하여 청산을 진행해야 한다.

제184조 청산팀은 청산기간 중에 다음 각 호의 권한을 행사한다.
1. 회사의 재산을 정리하고 대차대조표와 재산명세서를 각각 작성함
2. 채권자에게 통지하고 공고함
3. 청산과 관련된 회사의 미완료 업무를 처리함
4. 체납된 세금 및 청산절차에서 발생한 세금을 전부 납부함
5. 채권·채무를 정리함
6. 회사가 채무를 전부 변제한 후에 남은 재산을 처리함
7. 회사를 대표하여 민사소송업무에 참여함

제185조 ① 청산팀은 설립일로부터 10일 내에 채권자에게 통지하고 60일 내에 신문에 공고하여야 한다. 채권자는 통지서를 받은 날로부터 30일 내에, 통지서를 받지 못한 채권자는 공고일로부터 45일 내에 청산팀에 그 채권을 신고하여야 한다. ② 채권자는 채권신고에 있어서

채권의 관련 사항을 설명하고 증명서류를 제공하여야 한다. 청산팀은 채권을 등기하여야 한다. ③ 청산팀은 채권신고 기간 중에 채권자에게 채무를 변제하여서는 아니된다.

제186조 ① 청산팀은 회사 재산을 정리하고 대차대조표와 재산명세서를 작성한 후 청산방안을 제정하여 주주회·주주총회 또는 인민법원의 확인을 받아야 한다. ② 회사 재산에서 청산비용, 종업원의 임금, 사회보험료 및 법정보상금(法定补偿金)을 각각 지급하고 체납된 세금을 납입하고 회사의 채무를 전부 변제한 후에 남은 재산에 대해서 유한책임회사는 주주의 출자비율에 따라 배당하며 주식유한회사는 주주가 보유하고 있는 주식비율에 따라 배당한다. ③ 청산기간 중에 회사는 존속하지만 청산과 무관한 경영활동을 전개해서는 아니된다. 회사 재산은 전항의 규정에 따라 채무를 전부 변제하기 전에 주주에게 배당하여서는 아니된다.

제187조 ① 청산팀은 회사재산을 정리하고 대차대조표와 재산명세서를 작성한 후 회사재산으로 채무를 전부 변제할 수 없음을 발견하였을 경우에는 법에 따라 인민법원에 파산선고를 신청하여야 한다. ② 회사가 인민법원의 파산선고 결정을 받은 후 청산팀은 청산사무를 인민법원에 이관하여야 한다.

제188조 회사 청산이 종결된 후 청산팀은 청산보고서를 작성하여 주주회·주주총회 또는 인민법원의 확인을 받아야 하며 또한 회사등기기관에 제출하여 회사등기말소를 신청하고 회사의 종료를 공고하여야 한다.

제189조 ① 청산팀의 구성원은 직무에 충실하고 법에 따라 청산의무를 이행하여야 한다. ② 청산팀의 구성원은 직권을 이용하여 뇌물 또는 기타 불법 금품을 수수하거나 회사재산을 횡령하여서는 아니된다. ③ 청산팀의 구성원이 고의 또는 중대한 과실로 인해 회사 또는 채권자에게 손실을 초래한 경우에는 배상책임을 부담하여야 한다.

제190조 회사가 법에 의해 파산선고를 받은 경우에는 기업파산에 관한 법률에 따라 파산청산을 하여야 한다.

제11장 외국회사의 영업소(分支机构)

제191조 이 법에서 '외국회사'란 외국법률에 의해 중국 경외에 설립된 회사를 말한다.

제192조 ① 외국회사가 중국 경내에 영업소를 설립할 경우에는 반드시 중국 주관부서에 신청을 제출하고 그 정관, 소재국의 사업자등록증 등 관련 서류를 제공하여 허가를 받은 후 법에 따라 회사등기기관에 등기하고 사업자등록증을 수령하여야 한다. ② 외국회사 영업소의 심사·허가 방법은 국무원에서 별도로 규정한다.

제193조 ① 외국회사가 중국 경내에 영업소를 설립할 경우에는 반드시 중국 경내에서 당해 영업소를 책임지는 대표자 또는 대리인을 지정하고 당해 영업소에 그 종사하는 경영활동에 필요한 자금을 지급하여야 한다. ② 외국회사 영업소의 경영자금에 대해 최저한도액을 규정할 필요가 있을 경우에는 국무원이 별도로 규정한다.

제194조 ① 외국회사의 영업소는 그 명칭에 당해 외국회사의 국적 및 책임형식을 명시하여야 한다. ② 외국회사의 영업소는 그 사업장에 당해 외국회사의 정관을 비치하여야 한다.

제195조 ① 외국회사가 중국 경내에 설립한 영업소는 중국법인자격을 구비하지 아니한다. ② 외국회사는 그 영업소의 중국 경내에서의 경영활동에 대해 민사상의 책임을 부담한다.

제196조 허가를 거쳐 설립된 외국회사의 영업소가 중국 경내에서 업무활동에 종사함에 있어서는 반드시 중국의 법률을 준수해야 하며 중국의 사회공중이익을 침해해서는 아니되며 그 합법적 권익은 중국법률의 보호를 받는다.

제197조 외국회사가 중국 경내의 영업소를 철회할 때에는 반드시 법에 따라 채무를 전부 변제하고 이 법의 회사청산절차 관련 규정에 따라 청산을 진행하여야 한다. 외국회사가 채무를 전부 변제하기 전에는 그 영업소의 재산을 중국 경외에 이전하여서는 아니된다.

제12장 법적 책임

제198조 이 법의 규정을 위반하여 등록자본금을 허위신고하거나 허위서류를 제출하거나 기타 사기수법으로 중요한 사실을 은닉하여 회사등기를 취득하였을 경우, 회사등기기관은 시정을 명하고 등록자본금을 허위신고한 회사에 대해 허위신고한 등록자본금의 5% 이상 15% 이하의 과태료를 부과한다. 허위서류를 제출하거나 기타 사기수법으로 중요한 사실을 은닉한 회사에 대해서는 5만 위안 이상 50만 위안 이하의 과태료를 부과하며 사안이 중대할 경우에는 회사등기를 철회하거나 사업자등록증을 취소한다.

제199조 회사의 발기인 또는 주주가 허위출자하거나 출자로 사용되는 화폐 또는 비화폐재산을 교부하지 않거나 기한 내에 교부하지 않을 경우에는 회사등기기관에서 시정을 명하고 허위출자한 금액의 5% 이상 15% 이하의 과태료를 부과한다.

제200조 회사의 발기인 또는 주주가 회사설립 후에 그 출자를 빼돌렸을 경우, 회사등기기관은 시정을 명하고 빼돌린 출자금의 5% 이상 15% 이하의 과태료를 부과한다.

제201조 회사가 이 법의 규정을 위반하여 법률규정에 따른 회계장부 이외에 별도로 회계장부를 작성할 경우, 현급(縣級) 이상 인민정부 재정부서는 시정을 명하고 5만 위안 이상 50만 위안 이하의 과태료를 부과한다.

제202조 회사가 법에 따라 관련주관부서에 제출한 재무회계보고서 등 자료에 허위내용을 기재하거나 중요한 사실을 은닉한 경우, 관련주관부서는 직접적으로 책임지는 담당자 또는 기타 직접적 책임이 있는 자에게 3만 위안 이상 30만 위안 이하의 과태료를 부과한다.

제203조 회사가 이 법의 규정에 따라 법정준비금을 인출하지 않을 경우, 현급 이상 인민정부 재정부서는 규정대로 상응한 금액을 인출하여 보완할 것을 명하고 회사에 대해 20만 위안 이하의 과태료를 부과할 수 있다.

제204조 ① 회사가 합병, 분할, 등록자본금의 감소 또는 청산절차에 있어서 이 법의 규정에 따라 채권자에게 통지 또는 공고하지 아니하였을 경우, 회사등기기관은 시정을 명하고 회사에 1만 위안 이상 10만 위안 이하의 과태료를 부과한다. ② 회사가 청산절차에 있어서 재산을 은닉하거나 대차대조표 또는 재산명세서에 허위내용을 기재하거나 채무를 전부 변제하기 전에 회사재산을 분배하였을 경우, 회사등기기관은 시정을 명하고 회사에 은닉한 재산 또는 채무를 전부 변제하기 전에 분배한 회사재산 금액의 5% 이상 10% 이하의 과태료를 부과하고 직접적으로 책임지는 담당자 또는 기타 직접적 책임이 있는 자에게 1만 위안 이상 10만 위안 이하의 과태료를 부과한다.

제205조 회사가 청산기간 중에 청산과 무관한 경영활동을 전개하였을 경우, 회사등기기관은 경고하고 불법소득을 몰수한다.

제206조 ① 청산팀이 이 법의 규정에 따라 회사등기기관에 청산보고서를 제출하지 않거나 또는 제출한 청산보고서에 중요한 사실을 은닉하였거나 중대한 누락이 있을 경우, 회사등기기관은 시정을 명한다. ② 청산팀의 구성원이 직권을 이용하여 사리사욕을 채우거나 불법수익을 도모하거나 회사재산을 횡령한 경우, 회사등기기관은 회사재산을 반환할 것을 명하고 불법소득을 몰수함과 동시에 불법소득의 1배 이상 5배 이하의 과태료를 부과할 수 있다.

제207조 ① 자산평가, 출자검사 또는 검증을 책임진 기구가 허위자료를 제공한 경우, 회사등기기관은 불법소득을 몰수하고 불법소득의 1배 이상 5배 이하의 과태료를 부과함과 동시에 관련주관부서가 법에 따라 당해 기구에 업무중지를 명하고 직접책임자의 자격증서를 취소하며 사업자등록증을 취소할 수 있다. ② 자산평가, 출자검사 또는 검증을 책임진 기구가 과실로 인해 중대한 누락이 있는 보고서를 제공하였을 경우 회사등기기관은 시정을 명하며, 사안이 비교적 중대할 경우에는 취득한 수익의 1배 이상 5배 이하의 과태료를 부과함과 동시에 관련주관부서가 법에 따라 당해 기구의 업무중지를 명하고 직접책임자의 자격증서를 취소하며 사업자등록증을 취소할 수 있다. ③ 자산평가, 출자검사 또는 검증을 책임진 기구가 발급한 평가결과, 출자검사 또는 검증 증명이 사실과 부합되지 않음으로 인해 회사 채권자에게 손실을 초래한 경우, 자신에게

과실이 없음을 증명할 수 있는 경우를 제외하고 그 평가 또는 증명이 사실과 부합되지 않은 금액범위 내에서 배상책임을 부담한다.

제208조 회사등기기관이 이 법에 규정된 조건에 부합되지 않는 등기신청을 수락하거나 이 법에 규정된 조건에 부합되는 등기신청을 수락하지 않은 경우에는 직접적으로 책임지는 담당자 또는 기타 직접적 책임이 있는 자에 대해 법에 따라 행정처벌을 부과한다.

제209조 회사등기기관의 상급 부서가 회사등기기관에 대해 이 법에 규정된 조건에 부합되지 않는 등기신청을 수락하도록 강제하거나 이 법에 규정된 조건에 부합되는 등기신청을 수락하지 않도록 강제한 경우 또는 불법등기를 비호한 경우에는 직접적으로 책임지는 담당자 또는 기타 직접적 책임이 있는 자에 대해 법에 따라 행정처벌을 부과한다.

제210조 법에 따라 유한책임회사 또는 주식유한회사로 등기하지 않고 유한책임회사 또는 주식유한회사의 명의를 사칭한 경우, 또는 법에 따라 유한책임회사 또는 주식유한회사의 지사로 등기하지 않고 유한책임회사 또는 주식유한회사의 지사 명의를 사칭한 경우, 회사등기기관은 시정을 명하거나 단속하고 10만 위안 이하의 과태료를 부과할 수 있다.

제211조 ① 회사가 설립된 후 정당한 사유 없이 6개월이 경과하여도 개업을 하지 않거나 또는 개업 후 자체적으로 연속 6개월 이상 영업을 중지한 경우, 회사등기기관은 그 사업자등록증을 취소할 수 있다. ② 회사등기사항에 변경이 발생하였지만 이 법의 규정에 따라 변경등기를 하지 않은 경우, 회사등기기관은 기한부 등기를 명한다. 기한이 경과하여도 등기를 하지 않은 경우, 회사등기기관은 1만 위안 이상 10만 위안 이하의 과태료를 부과한다.

제212조 외국회사가 이 법의 규정을 위반하고 무단으로 중국 경내에 영업소를 설립한 경우, 회사등기기관은 시정 또는 폐쇄를 명하고 5만 위안 이상 20만 위안 이하의 과태료를 부과할 수 있다.

제213조 회사의 명의를 이용하여 국가안보 또는 사회공중이익에 해를 끼치는 사업에 종사하는 중대한 불법행위가 있을 경우에는 사업자등록증을 취소한다.

제214조 회사가 이 법의 규정을 위반함으로 인해 민사상의 배상책임을 부담함과 동시에 벌금 및 과태료를 납부할 의무가 있고 그 재산으로 전액 지불하지 못하는 경우에는 먼저 민사상의 배상책임을 부담한다.

제215조 이 법의 규정을 위반하여 범죄를 구성하는 경우에는 법에 따라 형사책임을 추궁한다.

제13장 부칙

제216조 이 법에서 아래 용어의 의미는 다음과 같다.
1. '고급관리인원'이란 회사의 총경리, 부총경리, 재무책임자, 상장회사의 동사회비서 및 정관에 규정된 기타 인원을 말한다.
2. '지배주주'란 그 출자금이 유한책임회사 자본총액의 50% 이상을 차지하거나 보유하고 있는 주식이 주식유한회사 주식자본총액의 50% 이상인 주주, 출자금 또는 보유하고 있는 주식의 비율이 50% 미만이지만 그 출자금 또는 보유하고 있는 주식에 의해 향유하는 의결권이 주주회 또는 주주총회의 의결에 중대한 영향을 미치는 주주를 말한다.
3. '실제지배자'란 비록 회사의 주주는 아니지만 투자관계, 계약 또는 기타 안배에 의해 실질적으로 회사의 행위를 지배할 수 있는 자를 말한다.
4. '특수관계'란 회사의 지배주주·실제지배자·동사·감사·고급관리인원과 상기 인원이 직접 또는 간접적으로 지배하는 기업 간의 관계 및 회사의 이익이 이전될 가능성이 있는 기타 관계를 말한다. 다만, 국가가 지분을 지배하는 기업들 간에는 동일하게 국가로부터 지분 지배를 받는다는 이유만으로는 특수관계를 가지지 않는다.

제217조 외국인이 투자한 유한책임회사와 주식유한회사에 대해서도 이 법을 적용한다. 외국인투자에 관한 법률에 별도의 규정이 있을 경우에는 그 규정에 따른다.

제218조 이 법은 2006년 1월 1일부터 시행한다.

(※ 2018년 10월 26일에 개정·시행됨)

제1장 총칙

제1조 대외개방을 진일보 확대하고 외국인투자(外商投资)를 적극적으로 촉진하며 외국인투자의 합법적 권익을 보호하고 외국인투자 관리를 규범화 하며 전면적 개방의 새로운 국면을 추진하고 사회주의 시장경제의 건전한 발전을 촉진하기 위하여 헌법에 근거해 이 법을 제정한다.

제2조 ① 중화인민공화국 경내(이하 '중국경내'라 함)에서의 외국인투자는 이 법을 적용한다. ② 이 법에서 '외국인투자'란 외국의 자연인, 기업 또는 기타 단체(이하 '외국인투자자'라 함)가 직접 또는 간접적으로 중국경내에서 진행하는 투자활동을 말하며 다음 각 호의 경우를 포함한다.

1. 외국인투자자가 단독으로 또는 기타 투자자와 공동으로 중국경내에서 외국인투자기업을 설립함
2. 외국인투자자가 중국경내 기업의 주식·지분·재산권익(财产份额) 또는 기타 유사한 권익을 취득함
3. 외국인투자자가 단독으로 또는 기타 투자자와 공동으로 중국경내의 신설 프로젝트에 투자함
4. 법률·행정법규 또는 국무원이 규정한 기타 방식의 투자

③ 이 법에서 '외국인투자기업'이란 외국인투자자자가 전부 또는 일부를 투자하여 중국 법률에 따라 중국경내에서 등기하여 설립한 기업을 말한다.

제3조 ① 국가는 대외개방의 기본 국책을 견지하며 외국인투자자자가 법에 따라 중국경내에서 투자하는 것을 격려한다. ② 국가는 높은 수준의 투자 자유화 및 편의화 정책을 실시하고 외국인투자 촉진 메커니즘을 구축, 보완하며 안정적이고 투명하며 예측 가능하고 공평하게 경쟁하는 시장환경을 조성한다.

제4조 ① 국가는 외국인투자자에 대해 진입 전 국민대우(准入前国民待遇, Pre-establishment National Treatment)와 네거티브리스트(负面清单, Negative list) 관리제도를 실시한다. ② 전항의 '진입 전 국민대우'란 투자 진입단계에서 외국인투자자 및 그 투자에 대해 본국투자자 및 그 투자보다 낮지 않은 대우를 제공하는 것을 말하며, '네거티브리스트'란 국가가 특정분야에 있어서 외국인투자에 대해 실시하는 진입허가 특별관리조치를 말한다. 국가는 네거티브리스트 이외의 외국인투자에 대해 국민대우를 제공한다. ③ 네거티브리스트는 국무원이 발포하거나 발포를 허가한다. ④ 중화인민공화국이 체결하였거나 참가한 국제조약·협정에 외국인투자자의 진입 전 대우에 대한 특혜규정이 있을 경우에는 관련 규정에 따라 집행할 수 있다.

제5조 국가는 법에 따라 외국인투자자의 중국경내의 투자·수익 및 기타 합법적 권익을 보호한다.

제6조 중국경내에서 투자활동을 진행하는 외국인투자자·외국인투자기업은 중국 법률·법규를 준수해야 하며 중국의 국가안보에 해를 끼치는 행위 또는 사회공공이익을 침해하는 행위를 하여서는 아니된다.

제7조 ① 국무원 상무주관부서 및 투자주관부서는 직책분담에 따라 외국인투자 촉진·보호 및 관리 업무를 진행하며 국무원 기타 관련부서는 각자의 직책범위 내에서 외국인투자 촉진·보호 및 관리에 관련된 업무를 책임진다. ② 현급(县級) 이상의 지방인민정부 관련부서는 법률·법규 및 해당 급 인민정부가 확정한 직책분담에 따라 외국인투자 촉진·보호 및 관리 업무를 진행한다.

제8조 외국인투자기업의 종업원은 법에 따라 노동조합을 설립하고 노동조합활동을 전개하며 종업원의 합법적 권익을 보호한다. 외국인투자기업은 본 기업의 노동조합에 필요한 활동조건을 제공하여야 한다.

제2장 투자촉진

제9조 외국인투자기업에 대해서는 국가가 기업발전을 지원하는 여러 가지 정책을 법에 따라 평등하게 적용한다.

제10조 ① 외국인투자와 관련된 법률·법규·규칙을 제정할 경우에는 적절한 방식으로 외국인투자기업의 의견과 건의를 수렴하여야 한다. ② 외국인투자와 관련된 규범화 문서31)(规范性文件), 재판문서 등은 법에 따라 적시에 공포하여야 한다.

제11조 국가는 외국인투자 서비스 체계를 구축하고 보완하여 외국인투자자와 외국인투자기업에 법률·법규, 정책조치, 투자프로젝트 정보 등 분야의 자문과 서비스를 제공한다.

제12조 국가는 기타 국가와 지역 및 국제기구와 다자간 또는 양자간 투자촉진합작 메커니즘을 구축하여 투자분야의 국제교류와 합작을 강화한다.

제13조 국가는 수요에 의해 특별경제구역을 설립하거나 일부 지역에서 외국인투자 시험적(试验性) 정책조치를 실시하여 외국인투자를 촉진하고 대외개방을 확대한다.

제14조 국가는 국민경제와 사회발전의 수요에 의해 외국인투자자가 특정 업종·분야·지역에 투자하는 것을 격려하고 유도한다. 외국인투자자 및 외국인투자기업은 법률·행정법규 또는 국무원의 규정에 따라 특혜대우(优惠待遇)를 누릴 수 있다.

제15조 ① 국가는 외국인투자기업이 법에 따라 평등하게 표준제정업무에 참여하는 것을 보장하며 표준제정에 관한 정보공개와 사회감독을 강화한다. ② 국가가 제정한 강제성 표준은 외국인투자기업에 평등하게 적용된다.

제16조 국가는 외국인투자기업이 법에 따라 공평한 경쟁을 통해 정부조달 활동에 참여하는 것을 보장한다. 정부조달은 외국인투자기업이 중국경내에서 생산한 제품, 제공하는 서비스를 법에 따라 평등하게 대한다.

제17조 외국인투자기업은 법에 따라 주식·회사채 등 증권의 공개발행 및 기타 방식으로 융자를 진행할 수 있다.

---

31) 중국공산당·정부부서·사회단체 등이 제정한 문서로서 법률규정은 아니지만 일정한 구속력이 있습니다.

제18조 현급 이상 지방인민정부는 법률·행정법규·지방법규의 규정에 의해 법정권한(法定权限) 내에서 외국인투자자의 촉진과 편의를 위한 정책조치를 제정할 수 있다.

제19조 ① 각급 인민정부 및 그 관련부서는 편의성·효율성·투명성의 원칙에 따라 사무처리절차를 간소화하고 사무처리효율을 높이며 정부업무서비스를 최적화함으로써 외국인투자 서비스 수준을 진일보 제고하여야 한다. ② 관련주관부서는 외국인투자 가이드라인을 편성하고 공포하여 외국인투자자와 외국인투자기업에 서비스와 편의를 제공해야 한다.

제3장 투자보호

제20조 ① 국가는 외국인투자자의 투자에 대해 수용하지 않는다. ② 특수한 상황 하에서 국가는 공공이익의 수요에 의해 법률규정에 따라 외국인투자자의 투자를 수용 또는 징용할 수 있다. 수용 및 징용은 법정절차(法定程序)에 따라 진행하고 적시에 공평하고 합리적인 보상을 하여야 한다.

제21조 외국인투자자의 중국경내의 출자, 이윤, 자본수익, 자산처분소득, 지식재산권 허가사용료, 법에 따라 취득한 보상 또는 배상, 청산소득 등은 법에 따라 인민폐 또는 외환으로 자유롭게 입금 또는 송금할 수 있다.

제22조 ① 국가는 외국인투자자와 외국인투자기업의 지식재산권을 보호하고 지식재산권 권리자와 관련 권리자의 합법적 권익을 보호하며 지식재산권 침해행위에 대해 엄격히 법에 따라 법적 책임을 추궁한다. ② 국가는 외국인투자 과정 중에서 자원(自愿)원칙과 상업규칙에 기초하여 기술합작을 진행하는 것을 격려한다. 기술합작의 조건은 각 투자자가 공평원칙에 따라 평등하게 협상하여 확정한다. 행정기관 및 그 업무인원은 행정수단을 이용하여 기술양도를 강요해서는 아니된다.

제23조 행정기관 및 그 업무인원은 직책수행 과정 중에서 알게 된 외국인투자자 및 외국인투자기업의 영업비밀에 대해 법에 따라 비밀을 준수해야 하며 누설하거나 불법적으로 타인에게 제공해서는 아니된다.

제24조 각급 인민정부 및 그 관련부서가 제정하는 외국인투자 관련 규범화 문서는 법률·법규의 규정에 부합하여야 한다. 법률·행정법규에 근거가 없을 경우에는 외국인투자기업의 합법적 권익을 감소하거나 그 의무를 증가해서는 아니되고 시장진입과 퇴출조건을 설치해서는 아니되며 외국인투자기업의 정상적인 생산경영활동을 간섭해서는 아니된다.

제25조 ① 지방 각급 인민정부 및 그 관련부서는 법에 따라 외국인투자자 및 외국인투자기업에 약속한 정책 및 법에 따라 체결한 각종 계약을 이행하여야 한다. ② 국가이익, 사회공공이익의 수요에 의해 정책상의 약속 또는 계약상의 약정을 변경할 경우에는 법정 권한과 절차에 따라 진행함과 동시에 외국인투자자 및 외국인투자기업이 이로 인해 받은 손실을 법에 따라 보상하여야 한다.

제26조 ① 국가는 외국인투자기업 신고업무 메커니즘을 구축하여 외국인투자기업 및 그 투자자가 제기한 문제를 적시에 처리하고 관련 정책조치를 조율하고 개선하여야 한다. ② 외국인투자기업 또는 그 투자자는 행정기관 및 그 업무인원의 행정행위가 자신의 합법적 권익을 침해하였다고 인정할 경우, 외국인투자기업 신고업무 메커니즘을 통해 조정을 신청할 수 있다. ③외국인투자기업 또는 그 투자자는 행정기관 및 그 업무인원의 행정행위가 자신의 합법적 권익을 침해하였다고 인정할 경우, 전항에 규정된 외국인투자기업 신고업무 메커니즘을 통해 조정을 신청하는 이외에 법에 따라 행정재의를 신청하거나 행정소송을 제기할 수 있다.

제27조 외국인투자기업은 법에 따라 상공회의소(商会) 및 협회를 설립하고 자원적으로 참가할 수 있다. 상공회의소 및 협회는 법률·법규와 정관의 규정에 따라 관련 활동을 전개하고 회원의 합법적 권익을 보호한다.

제4장 투자관리

제28조 ① 외국인투자자는 외국인투자 진입 네거티브리스트에 규정된 투자금지분야에 투자해서는 아니된다. ② 외국인투자자가 외국인투자

진입 네거티브리스트에 규정된 투자제한분야에 투자할 경우에는 네거티브리스트에 규정된 조건에 부합되어야 한다. ③ 외국인투자 진입 네거티브리스트 이외의 분야에 대해서는 내·외자32)(内外资)를 동일시하는 원칙에 따라 관리한다.

제29조 외국인투자가 투자프로젝트의 허가, 등록이 필요할 경우에는 국가의 관련 규정에 따라 집행한다.

제30조 ① 외국인투자자가 법에 따라 허가를 받아야 하는 업종·분야에 투자할 경우에는 법에 따라 관련 허가절차를 밟아야 한다. ② 관련주관부서는 내자(内资)와 동일한 조건과 절차에 따라 외국인투자자의 허가신청을 심사하여야 한다. 법률·행정법규에 별도의 규정이 있는 경우는 제외한다.

제31조 외국인투자기업의 조직형식, 조직기구 및 그 활동준칙은 「중화인민공화국 회사법」, 「중화인민공화국 동업기업법」 등 법률의 규정을 적용한다.

제32조 외국인투자기업이 생산경영활동을 전개함에 있어서는 노동보호, 사회보험에 관한 법률·행정법규의 규정을 준수하고 법률·행정법규 및 국가의 관련 규정에 따라 세수·회계·외환 등 사항을 처리하며 관련주관부서가 법에 따라 실시하는 감독·검사를 받아야 한다.

제33조 외국인투자자가 중국경내의 기업을 인수·합병하거나 기타 방식으로 기업결합(经营者集中)에 참여할 경우에는 「중화인민공화국 독점금지법」의 규정에 따라 기업결합 심사를 받아야 한다.

제34조 ① 국가는 외국인투자정보 보고제도를 구축한다. 외국인투자자 또는 외국인투자기업은 기업등기 시스템 및 기업신용정보 공시시스템을 통해 상무주관부서에 투자정보를 보고해야 한다. ② 외국인투자정보의 보고 내용과 범위는 확실한 필요성의 원칙에 따라 확정한다. 부서 간의 정보공유에 의해 취득할 수 있는 정보는 다시 보고하도록 요구해서는 아니된다.

---

32) '내자'는 중국자본을 의미하고 '외자'는 외국자본을 의미합니다.

제35조 ① 국가는 외국인투자 안보심사제제도를 구축하여 국가안보에 영향을 끼치거나 끼칠 우려가 있는 외국인투자에 대해 안보심사를 진행한다. ② 법에 따라 내린 안보심사결정은 최종적인 결정이다.

제5장 법적 책임

제36조 ① 외국인투자자가 외국인투자 진입 네거티브리스트에 규정된 투자금지분야에 투자할 경우, 관련주관부서는 해당 투자활동을 중지하고 지정한 기한 내에 주식·자산을 처분하거나 기타 필요한 조치를 취하여 투자 실시 전의 상태로 회복하도록 명한다. 불법소득이 있을 경우에는 불법소득을 몰수한다. ② 외국인투자자의 투자활동이 외국인투자 진입 네거티브리스트에 규정된 제한적 진입 특별관리조치에 위반될 경우, 관련주관부서는 지정한 기한 내에 시정하고 필요한 조치를 취하여 진입 특별관리조치의 요구에 부합되도록 명한다. 기한을 초과하여도 시정하지 않을 경우에는 전항의 규정에 따라 처리한다. ③ 외국인투자자의 투자활동이 외국인투자 진입 네거티브리스트의 규정을 위반할 경우에는 상기 두 항의 규정에 따라 처리하는 외에 법에 따라 상응한 법적 책임을 부담하여야 한다.

제37조 외국인투자자 및 외국인투자기업이 이 법의 규정을 위반하여 외국인투자정보 보고제도의 요구에 따라 투자정보를 보고하지 않았을 경우, 상무주관부서에서 지정한 기한 내에 시정할 것을 명하며 기한을 초과하여도 시정하지 않을 경우에는 10만 위안 이상 50만 위안 이하의 과태료를 부과한다.

제38조 외국인투자자 및 외국인투자기업이 법률·법규를 위반하는 행위에 대해서는 주관부서에서 법에 따라 조사하여 처리하며 국가의 관련 규정에 따라 신용정보 시스템에 입력한다.

제39조 행정기관의 업무인원이 외국인투자 촉진·보호 및 관리 업무에 있어서 직권남용, 직무태만, 사리사욕 도모 또는 직책수행 과정에서 알게 된 영업비밀을 누설하거나 불법적으로 타인에게 제공하는 행위를 하였을 경우에는 법에 따라 처벌하며 범죄를 구성하였을 경우에는 법에 따라 형사상의 책임을 추궁한다.

제6장 부칙

제40조 어떤 국가나 지역이 투자분야에서 중화인민공화국에 대해 차별적인 금지·제한 또는 기타 유사한 조치를 취하는 경우, 중화인민공화국은 실제 상황에 따라 해당 국가나 해당 지역에 상응하는 조치를 취할 수 있다.

제41조 중국경내에서 은행업·증권업·보험업 등 금융업종에 투자하거나 또는 증권·외환 등 금융시장에 투자하는 외국인투자자에 대해서 국가에 별도의 관리 규정이 있을 경우에는 그 규정에 따른다.

제42조 ① 이 법은 2020년 1월 1일부터 시행한다. 「중화인민공화국 중외합자경영기업법」, 「중화인민공화국 외자기업법」 및 「중화인민공화국 중외합작경영기업법」은 동시에 폐지된다. ② 이 법의 시행 전에 「중화인민공화국 중외합자경영기업법」, 「중화인민공화국 외자기업법」 및 「중화인민공화국 중외합작경영기업법」에 따라 설립된 외국인투자기업은 이 법이 시행된 후 5년 동안 원래의 기업조직형태 등을 보류할 수 있다. 구체적인 실시방법은 국무원이 규정한다.

시행일: 2020년 1월 1일

제1장 총칙

제1조 「중화인민공화국 외국인투자법」(이하 '외국인투자법'이라 함)에
근거하여 이 조례를 제정한다.

제2조 국가는 외국인투자를 격려·촉진하고 외국인투자의 합법적 권익을
보호하며 외국인투자 관리를 규범화하고 지속으로 외국인투자 환경을
최적화하여 보다 높은 수준의 대외개방을 추진한다.

제3조 외국인투자법 제2조 제2항 제1호 및 제3호에서 말하는 기타 투
자자는 중국의 자연인을 포함한다.

제4조 ① 외국인투자 진입 네거티브리스트(이하 '네거티브리스트'라 함)
는 국무원 투자주관부서가 국무원 상무주관부서 등 관련부서와 함께
작성하여 국무원에 제출하여 발포하거나 국무원에 제출하여 허가를 받
은 후 국무원 투자주관부서 및 상무주관부서가 발포한다. ② 국가는
대외개방의 진일보 확대와 경제사회 발전의 수요에 의해 네거티브리스
트를 적시에 조정한다. 네거티브리스트의 조정절차는 전항의 규정을
적용한다.

제5조 ① 국무원 상무주관부서, 투자주관부서 및 기타 관련부서는 직책
분담에 따라 긴밀하게 협조하고 서로 협력하여 공동으로 외국인투자
촉진·보호 및 관리업무를 차질 없이 수행한다. ②현급 이상의 지방인
민정부는 외국인투자 촉진·보호 및 관리업무에 대한 안배와 지도를 강
화하고 관련부서를 지원·독촉하여 법률·법규 및 직책분담에 따라 외
국인투자 촉진·보호 및 관리업무를 전개하며 외국인투자 촉진·보호
및 관리업무 중의 중대한 문제를 적시에 조정하고 해결하여야 한다.

제2장 투자촉진

제6조 ① 정부 및 그 관련부서는 정부의 자금조달, 용지공급, 세금감면, 자질허가, 표준제정, 프로젝트신고, 인력자원정책 등 면에서 외국인투자기업과 내자기업을 법에 따라 평등하게 대우하여야 한다. ② 정부 및 그 관련부서가 제정한 기업발전 지원정책은 법에 따라 공개하여야 한다. 정책실시 중 기업이 신청해야 할 업무사항에 대해서는 정부 및 그 관련부서가 신청 조건·절차·기한 등을 공개하고 심사 중에서 외국인투자기업과 내자기업을 법에 따라 평등하게 대우하여야 한다.

제7조 ① 외국인투자와 관련된 행정법규·규칙, 규범화 문서를 제정하거나 정부 및 그 관련부서가 외국인투자와 관련된 법률·지방법규 초안을 작성할 경우에는 실제상황에 근거해 서면에 의한 의견수렴 및 좌담회·심의회·공청회 등 다양한 형식으로 외국인투자기업 및 관련 상공회의소·협회 등 관계자들의 의견과 건의를 청취하여야 한다. 집중적으로 제기되었거나 외국인투자기업의 중대한 권리·의무 문제에 관한 의견과 건의에 대해서는 적절한 방식으로 채납한 상황을 피드백 하여야 한다. ② 외국인투자와 관련된 규범화 문서는 법에 따라 적시에 공포하여야 하며 공포하지 않은 문서는 행정관리의 근거로 할 수 없다. 외국인투자기업의 생산경영활동과 밀접하게 관련된 규범화 문서는 실제와 결부하여 공포시점으로부터 실시시점까지의 기간을 합리적으로 확정하여야 한다.

제8조 각급 인민정부는 정부가 주도하고 다자가 참여하는 원칙에 따라서 외국인투자 서비스 체계를 구축하고 보완하여 외국인투자 서비스 능력과 수준을 지속적으로 제고해야 한다.

제9조 정부 및 그 관련부서는 정부 웹사이트, 전국 일체화 온라인 정부 업무 서비스 플랫폼을 통해 외국인투자와 관련된 법률·법규·규칙, 규범화 문서, 정책조치 및 투자프로젝트 정보를 집중적으로 명시하여야 하고 다양한 경로와 방식을 통해 홍보 및 해설(解读)을 강화하며 외국인투자자와 외국인투자기업에 자문·지도 등 서비스를 제공하여야 한다.

제10조 ① 외국인투자법 제13조의 '특별경제구역'이란 국가가 설립을 허가

하고 보다 강력한 대외개방정책조치를 실시하는 특정구역을 말한다. ② 국가가 일부 지역에서 실시하는 외국인투자 시험적(試驗性) 정책조치가 실천을 거쳐 그 타당성이 확인되었을 경우에는 실제 상황에 근거하여 기타 지역 또는 전국 범위 내에서 보급한다.

제11조 국가는 국민경제와 사회발전의 수요에 의해 외국인투자 장려산업 목록을 제정하여 외국인투자자의 투자를 격려하고 유도하는 특정 업종·분야·지역을 명확히 나열한다. 외국인투자 장려산업 목록은 국무원 투자주관부서가 국무원 상무주관부서 등 관련부서와 함께 초안을 작성하여 국무원에 제출하여 허가를 받은 후 국무원 투자주관부서 및 상무주관부서에서 발포한다.

제12조 ① 외국인투자자 및 외국인투자기업은 법률·행정법규 또는 국무원의 규정에 따라 재정·세수·금융·용지 등 방면에서 특혜대우(优惠待遇)를 누린다. ② 외국인투자자가 자신의 중국경내의 투자수익으로 중국경내에서 투자를 확대할 경우에는 법에 따라 상응한 특혜대우를 누린다.

제13조 ① 외국인투자기업은 법에 따라 내자기업과 평등하게 국가표준, 업계표준, 지방표준 및 단체표준의 제정·개정 업무에 참여한다. 외국인투자기업은 수요에 의해 자체적으로 또는 기타 기업과 연합하여 기업표준을 제정할 수 있다. ② 외국인투자기업은 표준화 행정주관부서 및 관련 행정주관부서에 표준의 입안(立项)건의를 제출할 수 있고 표준의 입안, 초안작성, 기술심사 및 표준 실시정보 피드백, 평가 등 과정에서 의견과 건의를 제출하수 있으며 규정에 따라 표준의 초안작성, 기술심사의 관련 업무 및 표준의 외국어 번역업무를 책임질 수 있다. ③ 표준화 행정주관부서와 관련 행정주관부서는 관련 업무 메커니즘을 구축하고 보완하여 표준 제정 및 개정의 투명도를 제고하며 표준 제정 및 개정의 모든 과정의 정보 공개를 추진하여야 한다.

제14조 국가가 제정한 강제성 표준은 외국인투자기업과 내자기업에 평등하게 적용되며 전문적으로 외국인투자기업을 상대로 강제성 표준보다 높은 기술요구를 적용해서는 아니된다.

제15조 ① 정부 및 그 관련부서는 외국인투자기업이 자유롭게 해당 지역과 해당 업계의 정부조달시장에 진입하는 것을 방해하거나 제한하여서는

아니된다. ② 정부조달의 조달인, 조달대리기구는 정부조달 정보의 발포, 공급자의 조건확정과 자격심사, 평가기준 등 면에서 외국인투자기업에 대해 차별대우를 실시해서는 아니되고 소유제형태, 조직형태, 지분구조, 투자자의 국적, 제품 또는 서비스의 브랜드 및 기타 불합리한 조건으로 공급자를 한정해서는 아니되며 외국인투자기업이 중국경내에서 생산한 제품 및 제공하는 서비스에 대해 내자기업과 차별하여 대우해서는 아니된다.

제16조 외국인투자기업은 「중화인민공화국 정부조달법」(이하 '정부조달법'이라 함)과 그 실시조례의 규정에 따라 조달인 및 조달대리기구에 정부조달 활동사항 관련 문의와 질의를 제출하고 정부조달 감독관리부서에 신고할 수 있다. 조달인, 조달대리기구 및 정부조달 감독관리부서는 규정된 기한 내에 답변을 하거나 처리결정을 내려야 한다.

제17조 정부조달 감독관리부서와 기타 관련부서는 정부조달활동에 대한 감독·검사를 강화하고 외국인투자기업에 대한 차별대우 등 위법행위 및 반칙행위를 법에 따라 시정하거나 단속하여야 한다.

제18조 외국인투자기업은 법에 따라 중국경내 또는 경외에서 주식·회사채 등 증권의 공개발행 및 기타 융자상품의 공개 또는 비공개발행, 외채차입 등 방식을 통해 융자할 수 있다.

제19조 ① 현급 이상의 지방인민정부는 법률·행정법규 및 지방법규의 규정에 의해 법정 권한 내에서 비용 감면, 용지지표(用地指標) 보장, 공공서비스 제공 등 방면의 외국인투자 촉진 및 편의화 정책조치를 제정할 수 있다. ② 현급 이상의 지방인민정부가 외국인투자 촉진 및 편의화 정책조치를 제정함에 있어서는 질적 성장의 추진을 지향하고 경제적 효과, 사회적 효과 및 생태적 효과를 제고하는데 도움이 되며 외국인투자환경을 지속적으로 최적화하는 데 유리하여야 한다.

제20조 관련주관부서는 외국인투자 가이드라인을 작성하여 발포하고 외국인투자자와 외국인투자기업에 서비스와 편의를 제공하여야 한다. 외국인투자 가이드라인에는 투자환경의 소개, 외국인투자업무 안내, 투자프로젝트 정보 및 관련 데이터정보 등의 내용이 포함되어야 하며 적시에 갱신하여야 한다.

제3장 투자보호

제21조 ① 국가는 외국인투자자의 투자에 대해 수용하지 않는다. ② 특수한 상황 하에서 국가가 공공이익의 수요에 의해 법률규정에 따라 외국인투자자의 투자를 수용할 경우에는 법정절차에 따라 비차별적 방식으로 진행해야 하며 수용되는 투자의 시장가치에 따라 적시에 보상을 하여야 한다. ③ 외국인투자자가 수용결정에 불복할 경우에는 법에 따라 행정 재의를 신청하거나 행정소송을 제기할 수 있다.

제22조 ① 외국인투자자의 중국경내의 출자, 이윤, 자본수익, 자산처분소득, 지식재산권 허가사용료, 법에 따라 취득한 보상 또는 배상, 청산소득 등은 법에 따라 인민폐 또는 외환으로 자유롭게 입금 또는 송금할 수 있으며 어떠한 부서나 개인도 화폐 종류, 금액 및 입금, 송금의 횟수 등에 대해 불법적으로 제한해서는 아니된다. ② 외국인투자기업의 외국적 종업원 및 홍콩·마카오·대만 출신 종업원의 급여 및 기타 합법적 수익은 법에 따라 자유롭게 송금할 수 있다.

제23조 ① 국가는 지식재산권 권리침해행위에 대한 처벌 수위를 높이고 지속적으로 지식재산권 법률의 집행을 강화하며 지식재산권에 대한 신속한 협동보호 메커니즘의 구축을 추진하고 지식재산권 분쟁의 다원화 해결 메커니즘을 완비하며 외국인투자자와 외국인투자기업의 지식재산권을 평등하게 보호한다. ② 표준의 제정에서 외국인투자자와 외국인투자기업의 특허에 관련될 경우에는 표준과 관련된 특허의 관리규정에 따라 처리하여야 한다.

제24조 행정기관(법률·법규의 수권으로 공공사무 관리직능을 담당하는 조직을 포함하며 이하 동일함) 및 그 업무인원은 행정허가·행정검사·행정처벌·행정강제의 실시 및 기타 행정수단을 이용해 외국인투자자 및 외국인투자기업을 강제하거나 변형적으로 강제하여 기술을 양도하게 해서는 아니된다.

제25조 ① 행정기관이 법에 따라 직책을 수행함에 있어서 외국인투자자 및 외국인투자기업이 영업비밀에 관한 자료 및 정보를 제공할 필요가 있을 경우에는 직책수행에 필수의 범위 내로 제한하고 접촉자의 범위를 엄격히 통제하며 직책수행과 무관한 인원은 관련 자료 및 정보와 접촉

해서는 아니된다. ② 행정기관은 내부관리제도를 구축, 완비하고 유효한 조치를 강구하여 직책수행 과정 중에서 알게 된 외국인투자자 및 외국인투자기업의 영업비밀을 보호해야 한다. 법에 따라 기타 행정기관과 정보를 공유할 필요가 있을 경우에는 정보 중에 포함된 영업비밀에 대해 비밀보안 조치를 취해 누설을 방지하여야 한다.

제26조 ① 정부 및 그 관련부서는 외국인투자에 관련된 규범화 문서를 제정할 경우에는 국무원의 규정에 따라 적법성 심사를 진행하여야 한다. ② 외국인투자자 및 외국인투자기업이 행정행위의 근거로 되는 국무원부서와 지방인민정부 및 그 부서에서 제정한 규범화 문서가 적법하지 않다고 인정할 경우에는 법에 따라 행정행위에 대해 행정재의를 신청하거나 행정소송을 제기할 때 해당 규범화 문서에 대한 심사도 함께 청구할 수 있다.

제27조 외국인투자법 제25조의 정책상의 약속이란 지방 각급 인민정부 및 그 관련부서가 법정권한 내에서 외국인투자자 및 외국인투자기업의 관할지역 내에서의 투자에 대해 적용하는 지원정책, 누리는 특혜대우와 편의조건 등에 대한 서면 약속을 말한다. 정책상의 약속 내용은 법률·법규의 규정에 부합하여야 한다.

제28조 지방 각급 인민정부 및 그 관련부서는 외국인투자자 및 외국인투자기업에 대해 법에 따라 한 정책상의 약속 및 법에 따라 체결한 각종 계약을 이행하여야 하며 행정구역의 조정, 정부의 교체, 기구 또는 기능의 조정 및 관련 책임자의 경질 등을 이유로 계약을 위반하거나 파기해서는 아니된다. 국가이익, 사회공공이익의 수요에 의해 정책상의 약속 또는 계약상의 약정을 변경할 경우에는 법정 권한과 절차에 따라 진행하고 외국인투자자 및 외국인투자기업이 이로 인해 받은 손실을 법에 따라 적시에 공평하고 합리적으로 보상하여야 한다.

제29조 ① 현급 이상의 인민정부 및 그 관련부서는 공개적이고 투명하며 효율적이고 편리한 원칙에 따라 외국인투자기업 신고업무 메커니즘을 구축, 완비하고 외국인투자기업 및 그 투자자가 제기한 문제를 적시에 처리하며 관련 정책조치를 조율하고 개선하여야 한다. ② 국무원 상무주관부서는 국무원 관련부서와 함께 외국인투자기업 신고업무 부

서 간 합동회의제도를 수립하여 중앙정부부서 차원에서의 외국인투자 신고업무를 조율하고 추진하며 지방의 외국인투자기업 신고업무를 지도하고 감독한다. 현급 이상 지방인민정부는 부서 또는 기구를 지정하여 관할지역 내의 외국인투자기업 또는 그 투자자의 신고를 접수하도록 하여야 한다. ③ 국무원 상무주관부서 및 현급 이상 지방인민정부가 지정한 부서 또는 기구는 신고업무규칙을 개선하고 신공방식을 완비하며 신고의 처리기한을 명확히 하여야 한다. 신고업무의 규칙, 신고방식 및 신고의 처리기한은 대외에 공포하여야 한다.

제30조 ① 외국인투자기업 또는 그 투자자가 행정기관 및 그 업무인원의 행정행위가 자신의 합법적 권익을 침해하였다고 인정하여 외국인투자기업 신고업무 메커니즘을 통한 조정해결을 신청할 경우, 관련부서는 조정에 있어서 신고된 행정기관 및 그 업무인원에게 상황을 문의할 수 있으며 해당 행정기관 및 그 업무인원은 이에 협조하여야 한다. 조정결과는 서면형식으로 적시에 신청인에게 고지하여야 한다. ② 외국인투자기업 또는 그 투자자가 전항의 규정에 따라 관련 문제의 조정해결을 신청하였을 경우, 위 당사자가 법에 따라 행정재의를 신청하거나 행정소송을 제기하는 데 영향을 끼치지 않는다.

제31조 ① 어떠한 부서나 개인도 외국인투자기업 또는 그 투자자가 외국인투자기업 신고업무 메커니즘을 통해 문제를 제기하거나 조정해결을 신청하는 것을 압제하거나 타격, 보복해서는 아니된다. ② 외국인투자기업 또는 그 투자자는 외국인투자기업 신고업무 메커니즘 이외의 기타 적법한 방법으로도 정부 및 그 관련부서에 문제를 제기할 수 있다.

제32조 ① 외국인투자기업은 법에 따라 상공회의소 및 협회를 설립할 수 있다. 법률·법규에 별도의 규정이 있는 외에 외국인투자기업은 상공회의소 및 협회에 가입하거나 탈퇴하는 것을 자주적으로 결정할 권리가 있으며 어떠한 부서나 개인도 간섭해서는 아니된다. ② 상공회의소 및 협회는 법률·법규 및 정관의 규정에 따라 업계의 자율을 강화하고 업계의 요구를 적시에 반영하며 회원들에게 정보자문, 홍보교육, 시장개척, 경제무역교류, 권익보호, 분쟁처리 등 방면의 서비스를 제공해야 한다. ③ 국가는 상공회의소 및 협회가 법률·법규 및 정관의 규정에 따라 관련 활동을 전개하는 것을 후원한다.

제4장 투자관리

제33조 외국인투자자는 네거티브리스트에 규정된 투자금지분야에 투자해서는 아니된다. 외국인투자자가 네거티브리스트에 규정된 투자제한분야에 투자할 경우에는 네거티브리스트에 규정된 지분, 고급관리인원에 관한 요구 등 진입제한 특별관리조치에 부합되어야 한다.

제34조 ① 관련주관부서는 법에 따라 직책을 수행하는 과정 중에서 외국인투자자가 네거티브리스트 내의 분야에 투자하려고 하지만 그 규정에 부합되지 않을 경우에는 이에 대한 허가, 기업등기 등 관련 사항을 처리하여 주지 않으며 고정자산 투자프로젝트 심사·허가에 관련될 경우에는 관련 심사·허가 사항을 처리하여 주지 않는다. ② 관련주관부서는 네거티브리스트 규정의 집행상황에 대한 감독·검사를 강화하고 외국인투자자가 네거티브리스트에 규정된 투자금지분야에 투자하였거나 외국인투자자의 투자활동이 네거티브리스트에 규정된 진입제한 특별관리조치를 위반한 것을 발견하였을 경우에는 외국인투자법 제36조의 규정에 따라 처리하여야 한다.

제35조 ① 외국인투자자가 법에 따라 허가를 취득해야 하는 업종·분야에 투자할 때에는 법률·행정법규에 별도의 규정이 있는 경우를 제외하고 허가업무를 담당하는 관련주관부서는 내자와 동일한 조건과 절차에 따라 외국인투자자의 허가신청을 심사해야 하며 허가조건·신청서류·심사절차·심사기한 등 방면에서 외국인투자자에 대한 차별적 요구를 설치하여서는 아니된다. ② 허가업무를 담당하는 관련주관부서는 여러 가지 방식을 통해 심사·허가 서비스를 최적화하고 심사허가 효율을 제고하여야 한다. 관련 조건과 요구에 부합되는 허가사항에 대해서는 관련 규정에 따라 고지승낙33)(告知承诺) 방식을 채용하여 처리할 수 있다.

제36조 외국인투자가 투자프로젝트의 허가·등록이 필요할 경우에는 국가의 관련 규정에 따라 집행한다.

제37조 ① 외국인투자기업의 등기업무는 국무원 시장감독관리부서(市場

---

33) 주관부서가 구체적인 기준 조건을 공개하고 신청인이 심사조건에 부합됨을 서면형식으로 승낙하며 주관부서는 신청인의 위 승낙에 의해 직접 허가결정을 내리는 제도를 말합니다.

監督管理部门) 또는 그로부터 위임된 지방인민정부 시장감독관리부서가 법에 따라 처리한다. 국무원 시장감독관리부서는 자신이 위임한 시장감독관리부서의 명단을 공포하여야 한다. ② 외국인투자기업의 등록자본금은 인민폐 또는 자유롭게 환전할 수 있는 화폐로 표기할 수 있다.

제38조 외국인투자자 또는 외국인투자기업은 기업등기 시스템 및 기업신용정보 공시시스템을 통해 상무주관부서에 투자정보를 보고하여야 한다. 국무원 상무주관부서 및 시장감독관리부서는 관련 업무 시스템의 결합과 업무연결을 차질 없이 진행하고 외국인투자자 또는 외국인투자기업의 투자정보 보고업무를 지도하여야 한다.

제39조 ① 외상투자정보 보고의 내용, 범위, 횟수 및 구체적인 절차는 국무원 상무주관부서가 국무원 시장감독관리부서 등 관련부서와 함께 확실한 필요성과 효율적 및 편의화의 원칙에 따라 확정하고 공포한다. 상무주관부서와 기타 관련부서는 정보공유를 강화하고 부서 간의 정부 공유를 통해 취득할 수 있는 투자정보는 외국인투자자 또는 외국인투자기업에 다시 보고할 것을 요구해서는 아니된다. ② 외국인투자자 또는 외국인투자기업이 보고하는 투자정보는 진실하고 정확하며 완전하여야 한다.

제40조 국가는 외국인투자 안보심사제도를 수립하며 국가안보에 대해 영향을 끼치거나 끼칠 우려가 있는 외국인투자에 대해 안보심사를 진행한다.

제5장 법적 책임

제41조 정부와 관련부서 및 그 업무인원에게 다음 각 호의 하나에 해당하는 상황이 있을 경우에는 법률 및 규정에 따라 책임을 추궁한다.
  1. 관련 정책을 제정 또는 실시함에 있어서 법에 따라 외국인투자기업과 내자기업을 평등하게 대우하지 않을 경우
  2. 외국인투자기업이 평등하게 표준 제정 및 개정 업무에 참여하는 것을 불법적으로 제한하거나 전문적으로 외국인투자기업에 대해 강제성 표준보다 높은 기술요구를 적용한 경우

3. 외국인투자자가 자금을 입금, 송금하는 것을 불법적으로 제한한 경우
4. 외국인투자자 및 외국인투자기업에 대해 법에 따라 한 정책상의 약속 및 법에 따라 체결한 각종 계약을 이행하지 않을 경우 또는 법정권한을 초과하여 정책상의 약속을 하거나 정책상의 약속이 법률·법규의 규정에 부합되지 않을 경우

제42조 ① 정부조달의 조달인, 조달대리기구가 불합리한 조건으로 외국인투자기업에 대해 부동한 대우 또는 차별대우를 실시한 경우에는 정부조달법 및 그 실시조례의 규정에 따라 법적 책임을 추궁한다. 낙찰 및 거래성립 결과에 영향을 끼치거나 끼칠 우려가 있을 경우에는 정부조달법 및 그 실시조례의 규정에 따라 처리한다. ② 정부조달 감독관리부서가 외국인투자기업의 신고에 대해 기한을 초과하여도 처리하지 않을 경우에는 직접적인 책임을 지는 주관인원과 기타 직접적인 책임자를 법에 따라 처벌한다.

제43조 행정기관 및 그 업무인원이 행정수단을 이용해 외국인투자자 및 외국인투자기업을 강제하거나 변형적으로 강제하여 기술을 양도하게 하였을 경우에는 직접적인 책임을 지는 주관인원과 기타 직접적인 책임자를 법에 따라 처벌한다.

제6장   부칙

제44조 ① 외국인투자법 시행 전에 「중화인민공화국 중외합자경영기업법」, 「중화인민공화국 외자기업법」 및 「중화인민공화국 중외합작경영기업법」에 따라 설립된 외국인투자기업(이하 '현존 외국인투자기업'이라 함)은 외국인투자법 시행 후 5년 내에 「중화인민공화국 회사법」, 「중화인민공화국 동업기업법」 등 법률의 규정에 따라 그 조직형태, 조직기구 등을 조정하고 법에 따라 변경등기를 할 수도 있고 원 기업 조직형태, 조직기구 등을 계속하여 보류할 수도 있다. ② 2025년 1월 1일부터 법에 따라 조직형태, 조직기구 등을 조정하고 변경등기를 하지 않은 현존 외국인투자기업에 대해서 사장감독관리부서는 해당 기업이 신청한 기타 등기사항을 처리하지 않으며 관련 상황을 공시한다.

제45조 현존 외국인투자기업이 조직형태, 조직기구 등에 관한 변경등기를 하는 구체적인 사항은 국무원 시장감독관리부서가 규정하고 공포한다. 국무원 시장감독관리부서는 변경등기업무에 대한 지도를 강화하여야 하며 변경등기업무를 담당하는 시장감독관리부서는 여러 가지 방식으로 서비스를 최적화함으로써 기업의 변경등기업무에 편의를 제공하여야 한다.

제46조 현존 외국인투자기업의 조직형태, 조직기구 등을 법에 따라 조정한 후 원 합자당사, 합작당사자 각 측이 계약에 약정한 지분 또는 권익 양도방법, 수익 배당방법, 잉여재산 배당방법 등은 계속 약정에 따라 집행할 수 있다.

제47조 외국인투자기업의 중국경내 투자는 외국인투자법과 이 조례의 관련 규정을 적용한다.

제48조 ① 홍콩특별행정구, 마카오특별행정구의 투자자가 중국 대륙에 투자할 경우에는 외국인투자법과 이 조례를 참조하여 집행하며 법률·행정법규 또는 국무원에 별도의 규정이 있을 경우에는 그 규정에 따른다. ② 대만지역의 투자자가 중국 대륙에 투자할 경우에는 「중화인민공화국 대만동포 투자보호법」(이하 '대만동포 투자보호법'이라 함) 및 그 실시세칙의 규정을 적용한다. 대만동포 투자보호법 및 그 실시세칙에 규정하지 않은 사항은 외국인투자법 및 이 조례를 참조하여 집행한다. ③ 외국에 거주하는 중국 공민이 중국경내에 투자할 경우에는 외국인투자법 및 이 조례를 참조하여 집행하며 법률·행정법규 또는 국무원에 별도의 규정이 있을 경우에는 그 규정에 따른다.

제49조 ① 이 조례는 2020년 1월 1일부터 시행한다. 「중화인민공화국 중외합자경영기업법 실시조례」, 「중외합자경영기업 합영기한 임시규정」, 「중화인민공화국 외자기업법 실시세칙」 및 「중화인민공화국 중외합작경영기업법 실시세칙」은 동시에 폐지된다. ② 2020년 1월 1일 전에 제정한 외국인투자에 관련된 규정이 외국인투자법 및 이 조례와 일치하지 않을 경우에는 외국인투자법 및 이 조례의 규정을 기준으로 한다.

〈설명〉

1. 「외국인투자 진입 특별관리조치」(이하 '네거티브리스트34)'라 함)는 지분비율, 고급관리인원 등 방면에서 외국인투자 진입에 관한 특별 관리조치를 통일적으로 나열하였다. 네거티브리스트 이외의 분야는 내외자(內外資) 동일 원칙35)에 따라 관리한다.

2. 네거티브리스트는 일부 분야의 진입규제 취소 또는 완화의 과도기를 나열하였으며 과도기 만료 후 제때에 진입규제를 취소하거나 완화하도록 한다.

3. 외국인투자자는 개인사업자, 개인독자기업(个人独资企业)36) 투자자 및 농민전문합작사(农民专业合作社)37) 구성원의 신분으로 투자경영활동에 종사하여서는 아니된다.

4. 관련주관부서는 법에 따라 직무를 수행하는 과정에서, 네거티브리스트에 포함된 분야에 투자의향이 있지만 네거티브리스트의 규정에 부합되지 않는 외국인투자자에 대해 허가, 기업등기 등에 관한 사항을 취급하지 않으며, 고정자산 투자 프로젝트의 승인에 관련될 경우에는 해당 승인사항을 취급하지 아니한다. 투자에 대한 지분비율 제한이 있는 분야에는 외국인투자 동업기업을 설립할 수 없다.

5. 국무원 관련주관부서의 심사를 거쳐 국무원의 허가를 받은 특정 외국인투자에 대해서는 네거티브리스트 중의 관련 분야 규정을 적용하지 않을 수 있다.

6. 중국 국내의 회사·기업 또는 개인이 해외에서 적법하게 설립하였거나 지배하고 있는 회사를 통해 자신과 특수관계가 있는 국내회사를 인수합병할 경우에는 외국인투자, 해외투자, 외환관리 등 관련 규정에 따라 처리한다.

---

34) Negative list
35) 중국계 자본과 외국계 자본에 대한 비차별주의 원칙을 말합니다.
36) 개인독자기업은 1명의 중국적 자연인이 중국 경내에서 투자하여 설립한 기업으로서 투자자는 기업의 채무에 대해 무한책임을 부담하여야 합니다.
37) 중국 농촌지역에서 가정을 단위로 하는 청부경영의 기초상에서 농산품의 생산경영자 또는 농업생산경영 서비스의 제공자, 이용자가 자원적으로 연합하여 민주관리를 실시하는 상조형 경제조직을 말합니다.

7. 네거티브리스트 중에 나열되지 않은 문화·금융 등 분야와 행정심사, 자격조건, 국가안보 등 관련 조치는 현행 규정에 따라 집행한다.

8. 「내륙지역과 홍콩 간의 더욱 긴밀한 경제무역관계 구축에 관한 안배」 및 그 후속협의, 「내륙지역과 마카오 간의 더욱 긴밀한 경제무역관계 구축에 관한 안배」 및 그 후속협의, 「중국 대륙과 대만 간의 경제협력 기본협의」 및 그 후속협의, 중국이 체결 혹은 가입한 국제조약·협정에 외국인투자자의 진입 대우에 관한 특혜규정이 있을 경우에는 관련 규정에 따라 집행할 수 있다. 자유무역시험구 등 특별경제구역이 조건에 부합되는 투자자에게 특혜적인 개방조치를 실시할 경우에는 관련 규정에 따라 집행한다.

9. 네거티브리스트는 국가발전개혁위원회 및 상무부가 관련부서와 함께 해석한다.

네거티브리스트
(2020년판)

순번	특별관리조치
一. 농림축수산업	
1	밀 신품종 개량 및 종자 생산은 중국측 지분비율이 34% 이상이어야 하며, 옥수수 신품종 개량 및 종자 생산은 중국측이 지배하여야 함.
2	중국의 희귀하고 특유한 우량품종의 연구개발, 양식, 재배 및 관련 번식재료의 생산(재배업, 목축업, 수산업의 우량 유전자를 포함함)에 대한 투자를 금지함.
3	농작물, 종축용 가축과 가금, 수산물 종묘의 유전자 변형 품종의 개발 및 그 유전자 변형 종자(종묘)의 생산에 대한 투자를 금지함.
4	중국이 관할하는 해역 및 내륙수역의 수산물 포획에 대한 투자를 금지함.
二. 광물채굴업	
5	희토, 방사성 광산물 및 텅스텐의 탐사, 채굴 및 선광(选矿)에 대한 투자를 금지함.
三. 제조업	
6	출판물 인쇄는 반드시 중국측이 지배하여야 함.
7	달여 먹는 중의약의 찌기, 볶기, 뜨기, 굽기 등 가공기술의 응용 및 중의약제제 비밀처방 제품의 생산에 대한 투자를 금지함.
8	전용차, 신에너지 자동차, 상용차를 제외한 완성차 생산은 중국측 지분율이 50% 이상이어야 하며, 하나의 외국인투자자는 중국 내에서 동일한 종류의 완성차 제품을 생산하는 2개 이하의 합자기업을 설립할 수 있음(2022년에 승용차 제조 분야의 외국자본 지분비율 규제 및 하나의 외국인투자자가 중국 내에서 동일한 종류의 완성차 제품을 생산하는 2개 이하의 합자기업만 설립할 수 있다는 규제를 취소함).
9	위성TV·라디오 방송 지상수신시설 및 핵심부품의 생산에 대한 투자를 금지함.
四. 전기·열·가스 및 물의 생산 및 공급업	
10	원자력발전소의 건설 및 경영은 반드시 중국측이 지배하여야 함.
五. 도소매업	
11	담뱃잎, 궐련, 이중건조 담뱃잎 및 기타 담배제품의 도매, 소매에 대한 투자를 금지함.
六. 교통운수·창고보관 및 우편업	
12	중국 내 수상 운송회사는 반드시 중국측이 지배하여야 함.

순번	특별관리조치
13	공공항공운수회사는 반드시 중국측이 지배하여야 하고 하나의 외국인투자자 및 그 관계사의 투자비율은 25%를 초과하여서는 아니되며 법인대표는 반드시 중국인이 담당하여야 함. 일반항공회사의 법인대표는 반드시 중국인이 담당하여야 하고, 그 중의 농업·임업·어업용 일반항공회사는 합자로 제한하며, 기타 일반항공회사는 중국측이 지배하여야 함.
14	민용 공항의 건설 및 경영은 중국측이 상대적으로 지배38)
15	우편회사 및 우편물의 중국 내 택배 업무에 대한 투자를 금지함.

七. 정보전송·소프트웨어 및 정보기술서비스업

16	텔레콤회사: 중국이 WTO 가입 시에 개방하기로 약속한 텔레콤업무에 제한함. 부가가치 텔레콤업무의 외국자본 지분비율은 50% 이하로 제한함(전자상거래, 중국 내 다자간 통신, 저장전송, 콜센터는 제외함). 기초 텔레콤업무는 반드시 중국측이 지배하여야 함.
17	인터넷 뉴스정보서비스, 인터넷 출판서비스, 인터넷 시청각 프로그램서비스, 인터넷 문화경영(음악은 제외함), 인터넷 대중 정보발표 서비스(상기 서비스 중 중국이 WTO 가입 시의 약속으로 인해 이미 개방된 분야는 제외함).

八. 임대 및 상업서비스

18	중국법률사무소(중국법률 환경 영향 관련 정보의 제공은 제외함)에 대한 투자를 금지하며, 중국 내 법률사무소의 파트너로 되어서는 아니됨.
19	시장조사는 합자로 제한하며, 그 중 라디오·TV 시청률 조사는 중국측이 지배하여야 함.
20	사회조사에 대한 투자를 금지함.

九. 과학연구 및 기술서비스업

21	인체줄기세포 및 유전자 진단과 치료기술의 개발 및 응용에 대한 투자를 금지함.
22	인문사회과학 연구기구에 대한 투자를 금지함.
23	측지, 해양 측량·제도, 측량·제도용 항공촬영, 지면 이동측량, 행정구역경계선 측량·제도, 지형도, 세계행정구역 지도, 중국행정구역 지도, 성급 및 그 이하 행정구역 지도, 전국적 교육용 지도, 국지적 교육용 지도, Ture 3D 지도 및 내비게이션 전자지도 편집·제작, 국지적 지질도 제작, 광산물지질, 지구물리, 지구화학, 수문지질, 환경지질, 지질재해, 지질 원격탐지 등 조사에 대한 투자를 금지함(광업권자가 그 광업권 범위 내에서 진행하는 업무는 이 특별관리조치의 규제를 받지 않음).

十. 교육

---

38) '상대적 지배'란 회사에서 보유하고 있는 출자금 또는 주식의 비율이 50% 미만이지만 그

순번	특별관리조치
24	유아교육기구, 일반고등학교 및 대학은 중외합작운영으로 제한하며, 반드시 중국측이 주도하여야 함(교장 또는 주요 행정책임자는 중국 국적 소지자가 담당하고, 이사회·동사회 또는 연합관리위원회의 중국측 구성원 비율은 50% 이상이어야 함).
25	의무교육기구, 종교교육기구에 대한 투자를 금지함.

十一. 위생 및 사회업무

26	의료기구는 합자로 제한함.

十二. 문화·스포츠 및 엔터테인먼트업

27	언론사(통신사를 포함하지만 이에 국한되지 않음)에 대한 투자를 금지함.
28	도서·신문·잡지·시청각제품 및 전자출판물의 편집·출판·제작 업무에 대한 투자를 금지함.
29	각 급 라디오 방송국, TV 방송국, 라디오·TV 채널(주파수), 라디오·TV송출 오버레이 네트워크(송신국, 중계국, 라디오·TV 위성, 위성 업링크 스테이션, 위성 중계국, 마이크로 파 스테이션, 모니터링 스테이션 및 케이블 라디오·TV송출 오버레이 네트워크 등)에 대한 투자를 금지하며, 라디오·TV프로그램 리퀘스트 업무 및 위성 TV·라디오 지면접수시설 설치서비스에 종사하는 것을 금지함.
30	라디오·TV 프로그램 제작, 경영(국외로부터 도입한 업무를 포함함)에 종사하는 회사에 대한 투자를 금지함.
31	영화 제작회사, 발행회사, 영화관 및 영화 수입업무에 대한 투자를 금지함.
32	문화재 경매업에 종사하는 경매회사, 문화재 상점과 국유 문화재 박물관에 대한 투자를 금지함.
33	공연예술 단체에 대한 투자를 금지함.

출자금 또는 주식에 의해 향유하는 의결권이 주주회 또는 주주총회의 의결에 중대한 영향을 미치는 상황을 말합니다.